ATLAS
DER
MEERE

EINE REISE DURCH DIE WELLEN
UND IN UNBEKANNTE TIEFEN

Tom Jackson
Illustrationen von Ana Djordjevic

moses.

Die Originalausgabe erschien 2020 bei QED,
einem Imprint der QUARTO Publishing Group
unter dem Titel „Ocean Atlas – A Journey
across the waves and into the deep"

Texte: Tom Jackson
Illustrationen: Ana Djordjevic
Editorial: Claire Throp & Emily Pither
Original Design: Sarah Andrews & Victoria Kimonidou
Copyright © 2020 Quarto Publishing plc

Copyright der deutschen Ausgabe
© 2021 moses. Verlag GmbH

moses. Verlag GmbH, Arnoldstraße 13d, 47906 Kempen
Fon: 0 21 52 - 20 98 50; Fax: 0 21 52 - 20 98 60
Mail: info@moses-verlag.de, www.moses-verlag.de

Covergestaltung: Weiß Freiburg – Grafik und Buchgestaltung
Übersetzung aus dem Englischen von Stefanie Kuballa-Cottone
Lektorat, Redaktion und Satz: Weiß-Freiburg –
Grafik und Buchgestaltung
Produktmanagement: Ina Lutterbüse

ISBN: 978-3-96455-133-7

BILDNACHWEISE

S. 36l MARUM – Zentrum für Marine
Umweltwissenschaften, Universität Bremen.

ALAMY: S. 26or Norbert Wu/ Minden Pictures.

SHUTTERSTOCK: S. 4l Romolo Tavani,
S. 7ur Sergey Novikov, S. 11r Atypeek Dsgn,
S. 12or iurii, S. 15ur BMJ, S. 16ul Anton Balazh,
S. 19or James Steidl, S. 20l Ethan Daniels,
S. 22l Choksawatdikorn, S. 24ul nazz lopez,
S. 28ul Mia Stendal, S. 31or Ethan Daniels,
S. 34ur CHEN WS, S. 38r Mason Lake Photo,
S. 40l Denis Burdin, S. 40r Sviluppo,
S. 43ur tryton2011, S. 44ur Matt Berger,
S. 49ur Filippo Carlot, S. 50or Deni_Sugandi,
S. 52ul Harvepino, S. 53or Everett Historical,
S. 56r Ustyna Shevchuk, S. 58ul JC Photo,
S. 60ur Signature Message.

INHALT

Begleite mich auf meiner spannenden Reise durch schäumende Meereswellen und an die tiefsten Stellen des Ozeans. Hol noch einmal tief Luft, dann tauchen wir ab!

EINLEITUNG

Der Planet, auf dem wir leben, wird auch der „Blaue Planet" genannt. Der feste Boden unter unseren Füßen macht nur wenig mehr als ein Viertel der Erdoberfläche aus, der Rest ist von Meerwasser bedeckt. Aber was wissen wir über die Ozeane? Gehen wir auf Entdeckungsreise! Wir besuchen bizarre Landschaften am Meeresboden, lernen gespenstische Kreaturen kennen und werfen einen Blick ins Innere eines Wirbelsturms!

Auf der Landkarte ist die Meeresfläche der Erde in viele verschiedene Abschnitte unterteilt. Neben den fünf großen Ozeanen gibt es Dutzende kleinerer Meere rund um die Küsten. Ihre Namen helfen uns bei der Orientierung, wenn wir übers Meer segeln oder eine bestimmte Insel oder Küste suchen. Aber machen wir uns nichts vor: Eigentlich sind alle Ozeane und Meere miteinander verbunden, es gibt nur einen einzigen großen Ozean: den Weltozean. Die Fläche, die dieser einnimmt, ist 17-mal so groß wie Russland (das größte Land der Welt), und er enthält genügend Wasser, um 10 Milliarden Badewannen zu füllen! An den tiefsten Stellen könnte man mühelos den Mount Everest und den Rest des Himalaja versenken.

Um die Höhe von beispielsweise einem Berg an Land zu messen, orientieren wir uns am Meeresspiegel. Die Meeresoberfläche ist somit in 0 m Höhe.

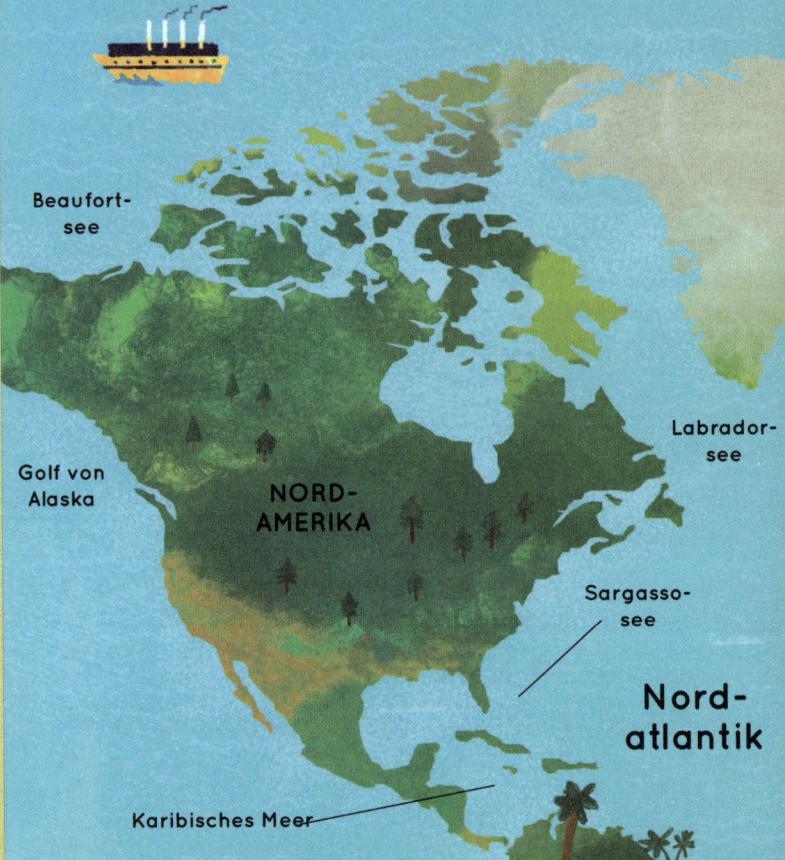

Beaufort-see

Golf von Alaska

NORD-AMERIKA

Labrador-see

Sargasso-see

Karibisches Meer

Nord-atlantik

SÜD-AMERIKA

Süd-atlanti

GRUNDWISSEN

Der Ozean füllt riesige Vertiefungen in der Erdoberfläche zwischen den Kontinenten. Auf offener See, weit weg von der Küste, ist der Ozean meist ca. 3,5 km tief. Der Abstand zwischen Meeresgrund und Wasseroberfläche beträgt mehr als das 4-Fache der Höhe des höchsten Gebäudes der Welt, Burj Khalifa.

828 m

Meerwasser ist sehr salzig – viel zu salzig, als dass man es trinken könnte. Das Salz war ursprünglich im Gestein enthalten und wurde im Laufe der Jahrmilliarden vom Regen herausgewaschen. In Wasser lösen sich die weißen Salzkristalle, das heißt, sie vermischen sich so gut mit Wasser, dass sie nicht mehr zu sehen sind.

Arktischer Ozean

Karasee

Laptewsee

Ost-sibirische See

Barentssee

Europäisches Nordmeer

Nordsee

Beringsee

EUROPA

Schwarzes Meer

Kaspisches Meer

ASIEN

Ochotskisches Meer

Mittelmeer

Ost-chinesisches Meer

Japanisches Meer

AFRIKA

Arabisches Meer

Andamanensee

Pazifischer Ozean

Rotes Meer

Indischer Ozean

Korallen-meer

AUSTRALIEN

Südlicher Ozean

OZEANOGRAFIE

Dafür, dass der Weltozean einen so großen Teil des Planeten bedeckt, wissen wir noch erstaunlich wenig über ihn. Ozeanografinnen und Ozeanografen versuchen, das zu ändern. Sie erforschen Wellen, Meeresströmungen und die Zusammenhänge zwischen Wetter und Meer. Ein besonderes Interesse gilt auch dem Meeresboden. Über die Oberfläche von Mond und Mars wissen wir mehr als über die Beschaffenheit der tiefsten Stellen unserer Ozeane!

DER ATLANTISCHE OZEAN

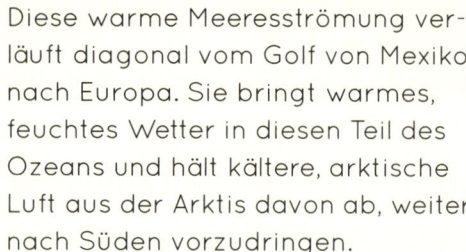

Der Atlantik ist der zweitgrößte Ozean der Erde. In östlicher Richtung grenzt er an Europa und Afrika, westlich an Nord- und Südamerika. Seinen Namen hat er vom mythischen Inselreich Atlantis, das der Sage nach infolge einer schrecklichen Flut im Meer versank. Die Gelehrten des Altertums waren uneins, wo Atlantis sich befände, aber der berühmte griechische Philosoph Platon war der Meinung, die versunkene Stadt läge westlich von Afrika, fern der Küste. Daher nannte man diesen Teil des Meeres Atlantischer Ozean.

Diese warme Meeresströmung verläuft diagonal vom Golf von Mexiko nach Europa. Sie bringt warmes, feuchtes Wetter in diesen Teil des Ozeans und hält kältere, arktische Luft aus der Arktis davon ab, weiter nach Süden vorzudringen.

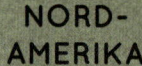

NORD-AMERIKA

FLÄCHE: 106.460.000 km²

VOLUMEN: 23 % des Weltozeans

KÜSTENLÄNGE: 111.866 km

BREITESTE STELLE: 6.400 km, zwischen Argentinien und Südafrika

SCHMALSTE STELLE: 2.848 km, zwischen Brasilien und Sierra Leone

DURCHSCHNITTLICHE TIEFE: 3.646 m

TIEFSTER PUNKT: Milwaukeetief (in der Nähe von Puerto Rico), 8.486 m

GRÖSSTE INSELN: Island, Großbritannien, Irland, Kuba, Hispaniola

CHRISTOPH KOLUMBUS

Bis zum 15. Jahrhundert glaubten die europäischen Seefahrer, China, Indien und die geheimnisvollen Gewürzinseln (die heute zu Indonesien gehören) lägen jenseits des Atlantiks – so weit weg, dass es Monate bräuchte, um dorthin zu gelangen, und keine Mannschaft dies auf den damals verfügbaren Schiffen überleben würde. Christoph Kolumbus war jedoch überzeugt, dass er innerhalb von drei Wochen nach Indien segeln könne. Er stach 1492 in See und stieß nach vier Wochen auf Land. Allerdings war er nicht in Asien gelandet, sondern hatte Amerika entdeckt.

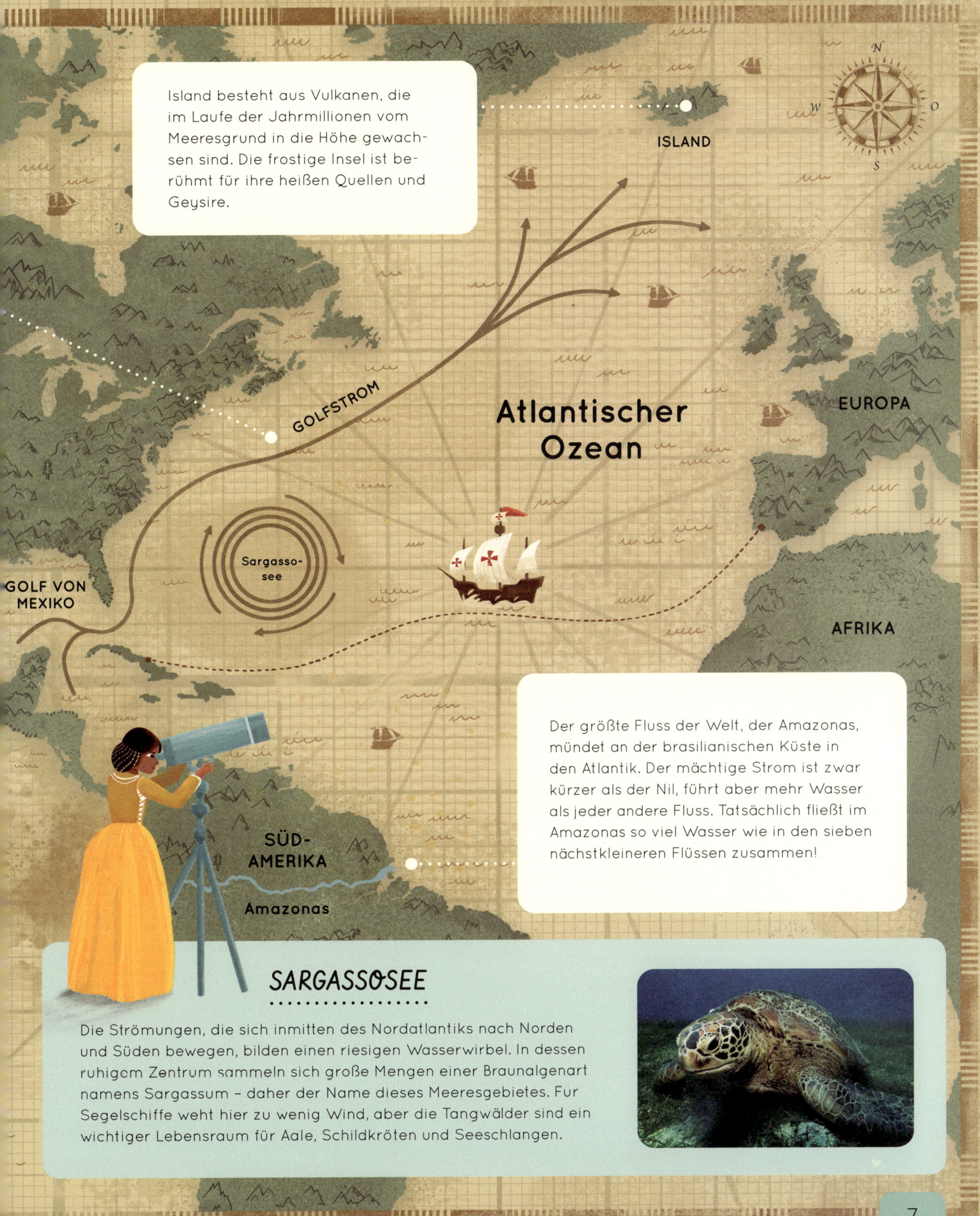

Island besteht aus Vulkanen, die im Laufe der Jahrmillionen vom Meeresgrund in die Höhe gewachsen sind. Die frostige Insel ist berühmt für ihre heißen Quellen und Geysire.

ISLAND

GOLFSTROM

Atlantischer Ozean

EUROPA

GOLF VON MEXIKO

Sargasso-see

AFRIKA

Der größte Fluss der Welt, der Amazonas, mündet an der brasilianischen Küste in den Atlantik. Der mächtige Strom ist zwar kürzer als der Nil, führt aber mehr Wasser als jeder andere Fluss. Tatsächlich fließt im Amazonas so viel Wasser wie in den sieben nächstkleineren Flüssen zusammen!

SÜD-AMERIKA

Amazonas

SARGASSOSEE

Die Strömungen, die sich inmitten des Nordatlantiks nach Norden und Süden bewegen, bilden einen riesigen Wasserwirbel. In dessen ruhigem Zentrum sammeln sich große Mengen einer Braunalgenart namens Sargassum – daher der Name dieses Meeresgebietes. Für Segelschiffe weht hier zu wenig Wind, aber die Tangwälder sind ein wichtiger Lebensraum für Aale, Schildkröten und Seeschlangen.

DER PAZIFISCHE OZEAN

Der Pazifik bedeckt einen größeren Teil der Erdoberfläche als die gesamte Landmasse des Planeten zusammengenommen. Seine Fläche ist beinahe so groß wie die Summe aller anderen Ozeane und er enthält fast die Hälfte allen Meerwassers auf der Erde. Vier der sieben Kontinente grenzen an den Pazifischen Ozean. Vor etwa 20.000 Jahren war die Beringstraße, die heute den Pazifik mit dem Atlantik verbindet, eine Landbrücke, über die Menschen auf den amerikanischen Kontinent gelangen konnten. Und vor 2.000 Jahren segelten abenteuerlustige Entdecker von Insel zu Insel und ließen sich hier und da nieder. Auf diese Weise breiteten sie sich über den ganzen Pazifik aus. Als Letztes wurde vor ca. 800 Jahren Neuseeland besiedelt.

FLÄCHE: 165.250.000 km²

VOLUMEN: 49 % des Weltozeans

KÜSTENLÄNGE: 135.663 km

BREITESTE STELLE: 19.300 km, zwischen Kolumbien und Malaysia

SCHMALSTE STELLE: 1.000 km, Drakestraße zw. Feuerland und Antarktika

DURCHSCHNITTLICHE TIEFE: 4.280 m

TIEFSTER PUNKT: 10.994 m, Challengertief (bei Guam)

GRÖSSTE INSELN: Neuguinea, Japan, Neuseeland, Hawaii

MARIANENGRABEN

Der tiefste Punkt der Erde, das Challengertief, befindet sich am Grunde des Pazifischen Ozeans, in einer breiten Rinne im Ozeanboden, dem Marianengraben, 10.994 m unter dem Meeresspiegel. Den 8.848 m hohen Mount Everest könnte man im Graben versenken, und es blieben immer noch über 2 km Wasser zwischen Gipfel und Oberfläche.

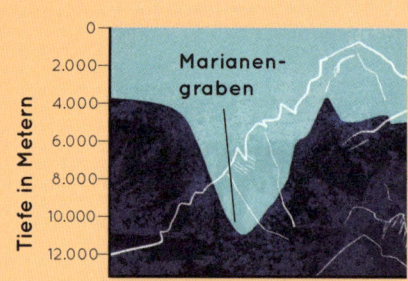

MARIANEN-GRABEN

PAZIFISCHER FEUERRING

452 Vulkane sind entlang der Pazifikküste zu finden. Das sind über drei Viertel aller aktiven Vulkane weltweit. Dieser Vulkangürtel wird als „Pazifischer Feuerring" bezeichnet.

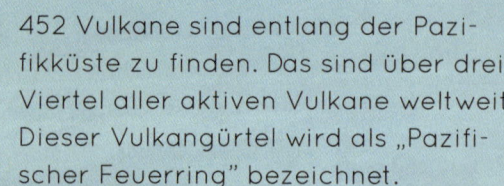

DAS FRIEDLICHE MEER

Die Bezeichnung „pazifisch", d.h. „friedlich", geht auf den portugiesischen Entdecker Ferdinand Magellan zurück, der die erste Weltumsegelung unternahm. 1520 führte Magellan seine Flotte durch die stürmische See um die Südspitze Südamerikas herum und erreichte einen weiten Ozean, der still und friedlich dalag. Magellan nannte ihn daher *Mar Pacifico*, „Friedliches Meer". Doch nachdem sie den Stillen Ozean durchquert hatten, wurden sie auf den Philippinen in Kämpfe verwickelt, bei denen Magellan umkam!

Die Datumsgrenze ist eine imaginäre Linie, die mitten durch den Pazifik verläuft. Stell dir vor, du befindest dich auf einem Schiff westlich dieser Linie, und es ist 12 Uhr mittags am 1. Januar. Dein Schiff fährt nach Osten, und kaum hat es die Datumsgrenze überquert, ist es zwar immer noch 12 Uhr am Mittag, aber der 31. Dezember. Du bist in die Vergangenheit gereist!

DATUMSGRENZE

Pazifischer Ozean

Galapagos-Landleguan

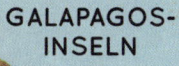

GALAPAGOS-INSELN

Galapagos-Riesenschildkröte

Galapagos-Pinguin

Die Galapagos-Inseln sind durch die Aktivität von unterseeischen Vulkanen entstanden und gelten als Heimat einzigartiger Tierarten. Hier leben z. B. Pinguine – 9.000 km von der Antarktis entfernt! Die berühmtesten Inselbewohner dürften jedoch die Riesenschildkröten sein: Sie werden so lang wie ein Bett, so schwer wie ein Pferd und können über 100 Jahre alt werden.

DER INDISCHE OZEAN

Der Name geht auf das Alte Rom zurück. Die Geografen jener Zeit wussten nicht viel über die Gebiete, die sich östlich des Römischen Reiches erstreckten, hatten aber gehört, dass sich dort ein mächtiger Fluss namens Indus befände. (Heute liegt der Fluss, der auf Sanskrit *Sindhu* heißt, in Pakistan.) Sie nannten daher diese Region „Indien" und das Meer im Osten dementsprechend „Indischer Ozean". Der Name verschweigt jedoch, dass dieser Ozean – der drittgrößte – nicht nur an Indien, sondern auch an Afrika, China, Südostasien und Australien grenzt. Man geht davon aus, dass die ersten seefahrenden Menschen in einfachen Booten die Küste des Indischen Ozeans entlangsegelten und vor 70.000 Jahren von Afrika aus nach Südasien aufbrachen. Vor über 50.000 Jahren erreichten sie Australien.

· ·

FLÄCHE: 73.440.000 km²

VOLUMEN: 20 % des Weltozeans

KÜSTENLÄNGE: 66.526 km

BREITESTE STELLE: 7.600 km, zw. Afrika und Australien

DURCHSCHNITTLICHE TIEFE: 3.741 m

TIEFSTER PUNKT: 7.258 m, Sundagraben (bei Indonesien)

GRÖSSTE INSELN: Madagaskar, Sri Lanka, Indonesien

Bis 1869 musste man, um von Europa nach Asien zu segeln, ganz Afrika umrunden. Der Sueskanal änderte dies. Er verbindet das Rote Meer – ein Teil des Indischen Ozeans – mit dem Mittelmeer. Ungefähr 17.200 Schiffe nehmen jedes Jahr die Abkürzung durch den 93 km langen Kanal.

Mittelmeer

Sueskanal

Rotes Meer

SAUDI-ARABIEN

Arabische Meer

AFRIKA

Kap Agulhas

Indischer Ozean und Atlantik treffen am Kap Agulhas aufeinander, der südlichsten Spitze Afrikas. Das Meer rund um das Kap ist berüchtigt für seine gewaltigen Stürme und riesigen Wellen, die sich unvermittelt 30 m hoch auftürmen können.

Im 16. Jahrhundert segelten europäische Seefahrer zu den Inseln Südostasiens. Diese wurden „Gewürzinseln" genannt, weil exotische Gewürze wie Muskatnuss und Nelken von dort kamen. Die begehrten Waren hatte man bislang stets über Land transportiert. Mächtige Händler kontrollierten die langen Handelsrouten.

Zimt

Muskatnuss

Nelken

QUASTENFLOSSER

Dieser außergewöhnliche Fisch lebt in den Tiefen des Pazifischen Ozeans. Er ist bis zu 2 m lang und um die 80 kg schwer – ungefähr wie ein groß gewachsener Mann. Quastenflosser leben am felsigen Meeresgrund und verbringen den Tag in Höhlen. Sie können schwimmen, sich aber auch mithilfe ihrer kräftigen, beinähnlichen Flossen über den Meeresboden bewegen. Der Quastenflosser ist der letzte lebende Verwandte der Fische, aus denen sich vor etwa 350 Millionen Jahren die Landtiere – und letztlich Säugetiere wie wir! – entwickelten und wird daher auch als „lebendes Fossil" bezeichnet.

INDIEN

Indischer Ozean

AUSTRALIEN

MONSUN

Der Indische Ozean ist bekannt für seinen Monsun, ein jahreszeitliches Phänomen, bei dem der vom Meer kommende, feuchte Wind im Sommer für heftige Regenfälle sorgt. Am bekanntesten ist der indische Monsun. Er versorgt Nutzpflanzen und Flüsse mit Wasser, kann aber auch zu gefährlichen Überschwemmungen führen. Wenn sich im Sommer das Land aufheizt, bis es wärmer ist als das Meer, sorgt dieser Temperaturunterschied dafür, dass der Wind landeinwärts bläst. Im Winter aber kühlt die Landmasse ab, der Wind wechselt die Richtung und sorgt an Land für Trockenheit.

Vom Meer wird feuchte Luft herangetragen.

Die Sonne erwärmt im Sommer das Land.

DER ARKTISCHE OZEAN

Dieser Teil des Weltozeans wird wegen der Nähe zum Nordpol auch Nordpolarmeer genannt. Da das Meerwasser oft gefroren ist, sieht es auf den ersten Blick wie eine eisbedeckte Landmasse aus. Der Arktische Ozean erstreckt sich vom Pol bis zum Nordpolarkreis. Im Winter ist das Meer fast völlig zugefroren. Etwa die Hälfte des Eises schmilzt im Laufe des Sommers, bevor es im Herbst wieder anfängt zu gefrieren. Eis, das im Sommer nicht schmilzt, wird im folgenden Winter dicker, es kann mehrere Meter hoch werden, vor allem dort, wo es durch umliegende Eismassen zusammengeschoben wird. Wenn wir uns anschauen, wie das arktische Eis schmilzt und gefriert, verstehen wir besser, welche Auswirkungen die globale Klimaerwärmung auf den übrigen Planeten hat.

· ·

FLÄCHE: 14.056 km²

VOLUMEN: 1,5 % des Weltozeans

KÜSTENLÄNGE: 45.389 km

BREITESTE STELLE: 4.230 km

SCHMALSTE STELLE: 24 km, Kennedy-Kanal, zwischen Grönland und Ellesmere-Insel

DURCHSCHNITTLICHE TIEFE: 1.205 m

TIEFSTER PUNKT: 5.449 m, Litketief (bei Grönland)

GRÖSSTE INSELN: Grönland, Spitzbergen, Ellesmere-Insel, Nowaja Semlja

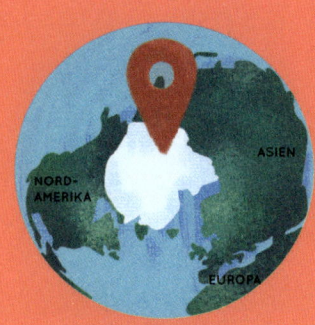

EISBRECHER

Auf Teilen des Nordpolarmeers kannst du laufen oder Schlitten fahren, aber wer den gesamten Arktischen Ozean erkunden will, braucht einen Eisbrecher. Das ist ein sehr schweres und äußerst stabiles Schiff mit starkem Motor, das sich einen Weg durchs Eis bahnen kann. Aufgrund der besonderen Bugform schiebt sich das Schiff auf das Eis und zerbricht es unter seinem Gewicht.

Im Nordpolarmeer befinden sich zwei Nordpole: Der eine ist der geografische Nordpol, der nördlichste Punkt der Erde. Dieser Pol ist der Punkt, um den sich die Erde entlang ihrer Achse dreht. Der zweite Pol ist der arktische Magnetpol, also der Punkt, auf den die Kompassnadel zeigt. Er verlagert sich und befindet sich momentan etwa 500 km vom nördlichsten Punkt entfernt.

Grönland ist die größte Insel der Welt. Als die Wikinger sie vor ungefähr 1.000 Jahren entdeckten, war es dort noch viel wärmer als heute, sodass die Insel wahrscheinlich wirklich ein „grünes Land" war.

Das Nordpolarmeer ist die Heimat des Eisbären. Er ist das größte an Land lebende Raubtier der Erde und kann mithilfe seiner breiten Pfoten kilometerweit schwimmen. Am wohlsten fühlt er sich jedoch auf dem Eis, wo er Robben auflauert. Der Eisbär ist in der Lage, das Packeis zu durchstoßen, um seine Beute zu erwischen. Die Haut des Bären ist schwarz und sein Fell ist eigentlich transparent, sieht aber von Weitem weiß aus, weil es das Licht reflektiert. Die Haare sind innen hohl, sodass sich ein isolierendes Luftpolster bildet, das den Bären warmhält.

DER SÜDLICHE OZEAN

Der Südliche oder Antarktische Ozean unterscheidet sich etwas von den übrigen vier Ozeanen. Manche glauben sogar, es gäbe ihn gar nicht wirklich! Die anderen Ozeane nehmen ein bestimmtes Gebiet ein, ihr Meeresboden bildet eine natürliche Vertiefung und sie sind an ihren Rändern meist von Land umgeben. Beim Südlichen Ozean hingegen liegt das Land in der Mitte, er umschließt den Eiskontinent Antarktika wie ein Ring aus Wasser. Der Südliche Ozean erstreckt sich südlich des 60. Breitengrades. (Der Breitengrad gibt die Entfernung eines Punktes in nördlicher oder südlicher Richtung vom Äquator an.) Diese Grenze wurde festgelegt, weil sich hier das kalte Wasser der Antarktis mit dem wärmeren Wasser des Atlantischen, Pazifischen und Indischen Ozeans mischt.

FLÄCHE: 20.327 km²

VOLUMEN: 5,5 % des Weltozeans

KÜSTENLÄNGE: 17.968 km

DURCHSCHNITTLICHE TIEFE: 3.270 m

TIEFSTER PUNKT: 7.235 m, Süd-Sandwich-Graben

GRÖSSTE INSELN: Südliche Shetlandinseln, Südliche Orkneyinseln, Berkner-Insel, Alexander-I.-Insel

Im Südlichen Ozean gibt es ungefähr 1.350 Inseln. Die meisten sind kleine, eisbedeckte Felsen, aber die größte, die Alexander-I.-Insel, ist fast doppelt so groß wie Sizilien.

MITTERNACHTSSONNE

Dass in manchen Gegenden nachts die Sonne scheint, hat mit der Neigung der Erdachse zu tun. Durch diese Neigung ist die Südhalbkugel im Dezember der Sonne zugewandt und dadurch längerer Sonneneinstrahlung ausgesetzt, während die dunkle Nachtseite der Erde dann eher in der nördlichen Hemisphäre liegt. Die langen Tage bringen sommerlich-warme Bedingungen mit sich. Die gesamte Landfläche, die südlich des südlichen Polarkreises liegt, befindet sich dann auf der Tagseite der Erde. Wenn die Sonne Tag und Nacht am Himmel bleibt, sogar um Mitternacht, spricht man vom Polartag. Am Südpol geht die Sonne sechs Monate lang nicht unter. In den folgenden sechs Monaten jedoch lässt sich die Sonne überhaupt nicht blicken; dann herrscht Polarnacht.

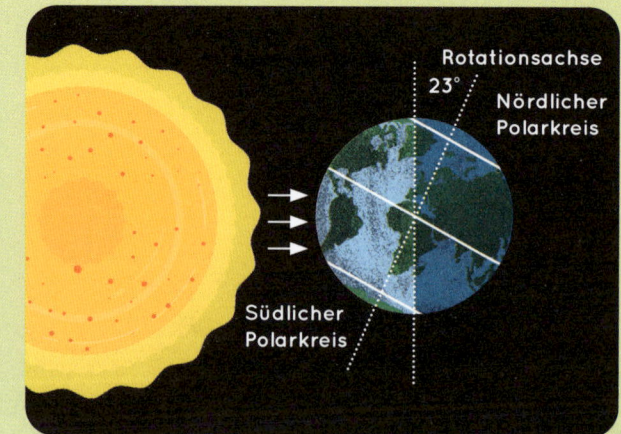

Der Südliche Ozean erstreckt sich über den gesamten südlichen Polarkreis. Dieser ist eine gedachte Linie rund um den Globus (und das gespiegelte Gegenstück zum nördlichen Polarkreis).

Südlicher Polarkreis

Südlicher Ozean

Alexander-I.-Insel

ANTARKTIKA

Ross-Schelfeis

PINGUINE

Im Südlichen Ozean leben die meisten Pinguinarten weltweit. Diese Vögel benutzen ihre Flügel, um durch das eisige Wasser zu paddeln. Ihre kleinen, haarähnlichen Federn wachsen dicht an dicht. Das wasserundurchlässige Federkleid wirkt durch die Luft zwischen den Federschichten isolierend, sodass die Vögel nicht frieren. Eine dicke Fettschicht unter der Haut hält die Kälte fern und verleiht den Pinguinen im Wasser zusätzlich Auftrieb, wie eine Schwimmweste. Antarktische Pinguine ernähren sich von Fisch und verbringen die meiste Zeit im Meer auf der Jagd.

Ein Eisschelf (oder Schelfeis) ist eine große Eisplatte, die auf dem Wasser treibt. Dieses Eis ist viel dicker als das normale Meereis – manchmal über einen Kilometer dick! Das Ross-Schelfeis ist das größte Schelfeisgebiet der Welt. Es hat ungefähr die Fläche Frankreichs.

DIE MEERE

Hast du schon einmal davon geträumt, über die „Sieben Weltmeere" zu segeln? Dieser etwas altertümliche Begriff stammt aus einer Zeit, als es noch keine exakten Seekarten gab. Heute kennen wir mindestens 200 kleine und große Meere auf der Welt – Seefahrer und Kartografen sind da nicht immer einer Meinung. Im Allgemeinen wird jeder Teil eines Ozeans, der von einer Landmasse oder Inseln umschlossen ist, als Meer oder See (z. B. die Nordsee) bezeichnet. Ein paar schauen wir uns genauer an.

KASPISCHES MEER

Ozeane werden von Flüssen gespeist, aber manchmal mündet ein Fluss auch in einen See. Das Kaspische Meer – dessen größter Zufluss die Wolga ist – ist eigentlich ein See, aber er ist so groß, dass er als Meer bezeichnet wird, obwohl die nächste Meeresküste 500 km entfernt ist. Das Wasser verdunstet langsam und lässt die Minerale zurück, die darin gelöst waren, hauptsächlich Salz. Deswegen ist das Kaspische Meer schwach salzig. Interessanterweise liegt es unter dem Meeresspiegel: Seine Wasseroberfläche ist 28 m tiefer als die des Weltozeans.

BEAUFORTSEE

☐ 178.000 km²

■ 4.683 m, Kanadisches Becken

≋ Arktischer Ozean

KARIBISCHES MEER

☐ 2.754.000 km²

■ 7.686 m, Kaimangraben, zwischen Kuba und Jamaika

≋ Atlantik

NORDSEE

☐ 570.000 km²

■ 700 m, Norwegische Rinne

≋ Atlantik

OSTSEE

☐ 377.000 km²

■ 459 m, auf schwedischer Seite

≋ Atlantik

SCHWARZES MEER

☐ 436.402 km²

■ 2.212 m, nahe der türkischen Küste

≋ Atlantik

KASPISCHES MEER

☐ 371.000 km²

■ 1.025 m

SÜDCHINESISCHES MEER

☐ 3.500.000 km²

■ 5.016 m

≋ Pazifik

ROTES MEER

☐ 438.000 km²

■ 3.040 m, Suakin-Trog

≋ Indischer Ozean

KORALLENMEER

☐ 4.791.000 km²

■ 9.140 m

≋ Pazifik

GOLF VON BENGALEN

☐ 2.172.000 km²

■ 4.694 m

≋ Indischer Ozean

MITTELMEER

☐ 2.500.000 km²

■ 5.267 m, Calypsotief, nahe Griechenland

≋ Atlantik

LEGENDE ☐ Fläche ■ Maximale Tiefe ≋ Ozean

17

AUF TAUCHGANG

Nun, da wir uns besser auf Seekarten zurechtfinden, tauchen wir richtig ins Thema ein und schauen uns an, wie es unter der Wasseroberfläche aussieht. Um in die Tiefen des Meeres vorzudringen, ist eine besondere technische Ausrüstung nötig. Die ältesten erhaltenen Wasserfahrzeuge waren einfache Boote in Form von ausgehöhlten Baumstämmen. Manche dieser Ur-Kanus sind über 10.000 Jahre alt, aber wahrscheinlich haben unsere Vorfahren so etwas schon viele Jahrtausende früher benutzt. Unterwasserfahrzeuge gibt es hingegen erst seit ungefähr hundert Jahren.

ABTAUCHEN UND AUFTAUCHEN

Ein Unterseeboot schwimmt dank seiner mit Luft gefüllten Tanks. Um zu tauchen, wird die Luft aus diesen Tanks abgelassen und es fließt Wasser hinein. Das U-Boot wird schwerer und sinkt hinab. Um wieder aufzutauchen, wird Luft in die Tanks gepumpt. Die Luft verdrängt das Wasser, das U-Boot steigt nach oben. Die dafür benötigte Luft befindet sich in komprimierter Form an Bord des U-Boots. Diese Tanks müssen vor jedem Tauchgang neu aufgefüllt werden.

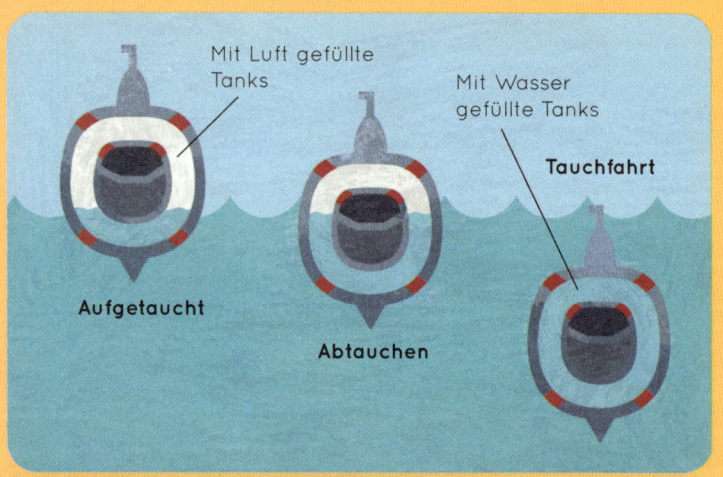

Mit Luft gefüllte Tanks

Mit Wasser gefüllte Tanks

Tauchfahrt

Aufgetaucht

Abtauchen

Der englische Begriff *Scuba-Diver* bezeichnet einen Taucher, der ein Drucklufttauchgerät benutzt: eine Pressluftflasche, eine Tauchmaske mit Mundstück und Atemregler (der sorgt dafür, dass die Luft aus der Flasche ein- und dann ins Wasser ausgeatmet wird). Scuba-Diver tauchen meist bis zu 40 m tief.

Scuba

Um auf den Meeresgrund hinabzutauchen, brauchen wir ein Tiefsee-U-Boot. Dieser von einem Schweizer entwickelte Bathyskaph sinkt mithilfe von Ballast senkrecht nach unten. Die Besatzung sitzt in einer kleinen Kabine. Auf dem Meeresgrund angekommen, wird der Ballast abgeworfen, und der Bathyskaph steigt wieder auf.

Bathyskaph

TAUCHERGLOCKE

Sie hat weder Motor noch bewegliche Teile. Die Luft im Innern wird vom Wasserdruck an Ort und Stelle gehalten. Die Taucher können unten herausschwimmen und atmen durch einen Schlauch die Luft aus der Taucherglocke.

Unterseeboot

Ein U-Boot kann sich an der Wasseroberfläche oder unter Wasser fortbewegen. Die meisten tauchen nicht tiefer als etwa 100 m, weil der Wasserdruck sonst die Hülle beschädigen und es zum Sinken bringen würde. Moderne U-Boote können lange Zeit unter Wasser bleiben und sind außerdem in der Lage, aus Meerwasser Trinkwasser zu gewinnen und verbrauchte Atemluft wieder mit Sauerstoff anzureichern.

USS NAUTILUS (SSN-517)

Dieses U-Boot der US-amerikanischen Marine war das erste Atom-U-Boot der Welt. Da es mit Kernenergie betrieben wurde, musste es keinen Treibstoff tanken und konnte monatelang auf See und unter Wasser bleiben. 1958 machte die *Nautilus* eine ungewöhnliche Reise: Sie fuhr unter dem Eis bis zum Nordpol.

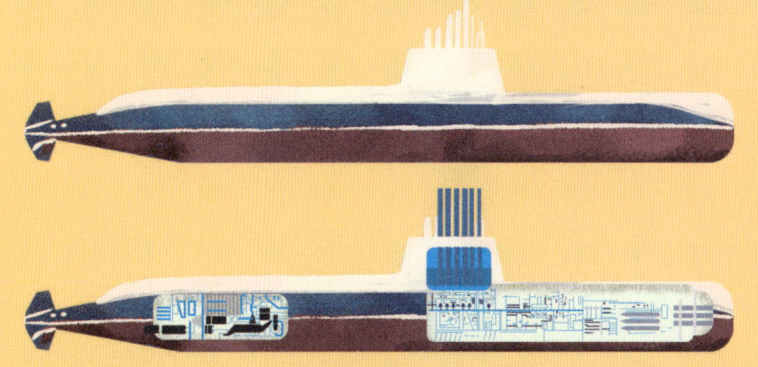

GEZEITENZONE

Hier treffen Meer und Land aufeinander. Aufgrund der Gezeiten ist das Wasser ständig in Bewegung. Es steigt und wandert die Küste hinauf, bis es den Höchststand erreicht hat, dann zieht es sich wieder zurück und sinkt auf den Niedrigwasserstand ab. Zwei Gezeitenwechsel dauern etwas mehr als 12 Stunden. Im steten Auf-und-Ab zwischen Ebbe und Flut müssen die Pflanzen und Tiere der Gezeitenzone sowohl über als auch unter Wasser überleben können. Viele von ihnen haben spezielle Strategien entwickelt, um die Zeitspanne des Niedrigwassers zu überdauern. Je nachdem, wie lange sie außerhalb des Wassers überleben, triffst du sie in unterschiedlichen Zonen der Küste an. Achte doch einmal darauf, wenn du das nächste Mal am Meer bist!

TIDENHUB
. . . .

Der Abstand zwischen dem tiefsten Wasserstand bei Ebbe und dem höchsten bei Flut hängt von der Küstenform ab. An der Nordseeküste beträgt der Tidenhub 2 bis 3 m. Bei trichterförmigen Küstenverläufen steigt das Wasser höher. Den höchsten Tidenhub mit über 16 m kann man in der Bay of Fundy in Kanada sehen.

DIE MACHT DES MONDES
. . . .

Ursache für die Gezeiten ist die Gravitationskraft des Mondes. Wenn der Mond am Himmel steht, verursacht seine Anziehungskraft an der Meeresoberfläche einen sogenannten Flutberg. Durch die Eigenrotation der Erde zieht der Mond diesen Flutberg – der auf offener See ca. 30 bis 60 cm hoch ist – rund um den Planeten. Die Erde dreht sich weiter, und 6 Stunden später hat das Wasser seinen niedrigsten Stand erreicht. Auf der anderen Seite der Welt bildet sich ein zweiter Flutberg, deswegen gibt es nach jeder halben Erdumdrehung (alle 12 Stunden) Hochwasser. Alle zwei Wochen addieren sich Sonnen- und Mondgravitation, und es entsteht eine Springtide, d.h. eine besonders ausgeprägte Tide. Die Nipptide dazwischen fällt besonders klein aus.

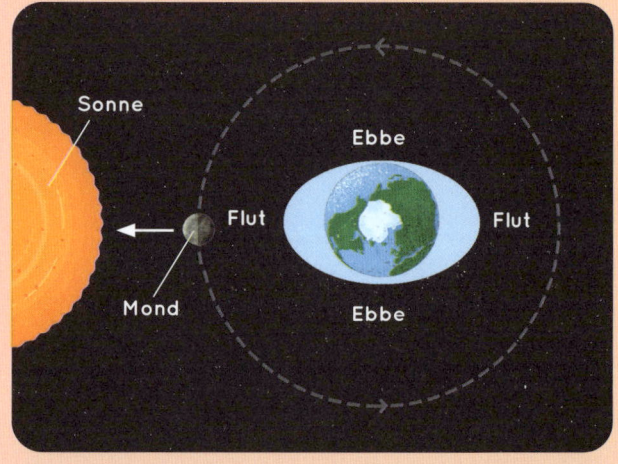

Niedrigwasser

Im oberen Bereich der Küste bringt nur die Gischt der Wellen etwas Feuchtigkeit. In dieser Zone fühlen sich Rankenfüßer wie Seepocken und Entenmuscheln wohl. Sie filtern Nahrung aus den Wassertröpfchen und verschließen ihre Hülle, um in wasserlosen Zeiten nicht auszutrocknen.

Vertiefungen im Fels oberhalb der Hochwasserlinie, die nur durch Spritzwasser aufgefüllt werden, nennt man *Rockpools*. Dort findet man Tiere und Pflanzen, die Schwankungen von Salzgehalt und Wassertemperatur vertragen und gegen Austrocknung gewappnet sind. Ähnlich sind Gezeitentümpel, aber diese werden durch die Flut regelmäßig mit Frischwasser versorgt.

Spritzwasserzone

Hochwasser

Mittelwasser

Dieser Teil der Küste ist nur bei Flut mit Wasser bedeckt und kann bei einer Nipptide ganz trockenfallen. Hier leben kleine, robuste Algenarten. Strand- und Napfschnecken klammern sich an den Felsen fest und können unter ihren Schalen für einen längeren Zeitraum Wasser speichern.

Diese Zone ist meist mit Wasser bedeckt, bei Ebbe aber der Luft ausgesetzt. Die hier lebenden Tier- und Pflanzenarten haben Strategien entwickelt, um die trockenen Phasen zu überdauern. Seegras schützt sich mithilfe einer Schleimschicht vor dem Austrocknen und Seeanemonen rollen ihre Tentakel zu feuchten Klümpchen zusammen, wenn das Wasser abläuft.

Dieser Bereich steht in der Regel unter Wasser. Hier wächst großer Seetang und es gibt viele Krebse und Fische. Nur wenn während einer Springtide das Niedrigwasser besonders niedrig ausfällt, kann diese Zone für ein paar Stunden am Tag trockenfallen.

DURCHLICHTETE ZONE

Die oberste Wasserschicht des offenen Ozeans wird tagsüber von Sonnenlicht durchflutet. Genau wie ihre Verwandten an Land benötigen auch Meerespflanzen Sonnenlicht, um zu wachsen, deswegen leben fast alle in den oberen 200 m der Meere. Darunter wird es so dämmrig, dass Pflanzen nicht gedeihen können – das blaue Wasser absorbiert die Sonnenstrahlen. Da der Ozean mehrere Kilometer tief sein kann, wachsen Meerespflanzen nicht vom Meeresgrund aus. Stattdessen bevölkern winzige, frei schwebende Organismen namens Phytoplankton den Ozean. Nahe der Oberfläche enthält jeder Liter Wasser Millionen von ihnen. Sie sind Nahrungsquelle für alle Tiere der durchlichteten Zone – und auch für die meisten Tiere der tieferen Meereszonen.

PLANKTON

Als Plankton bezeichnet man Kleinstlebewesen im Ozean. Sie können sich nicht aus eigener Kraft fortbewegen, sondern werden von den Meeresströmungen getragen. Pflanzliches Plankton heißt Phytoplankton und besteht hauptsächlich aus Algen. Plankton, das sich von anderen Organismen (wie z. B. Phytoplankton) ernährt, heißt Zooplankton.

Diese Quallenart nutzt eine gasgefüllte Blase, um an der Wasseroberfläche zu treiben. Die Blase sorgt für Auftrieb und dient auch als Segel. Die bis zu 30 m langen Tentakel sind mit giftigen Nesselzellen bestückt, mit denen sie ihre Beutetiere lähmt oder tötet.

Portugiesische Galeere

Segelfisch

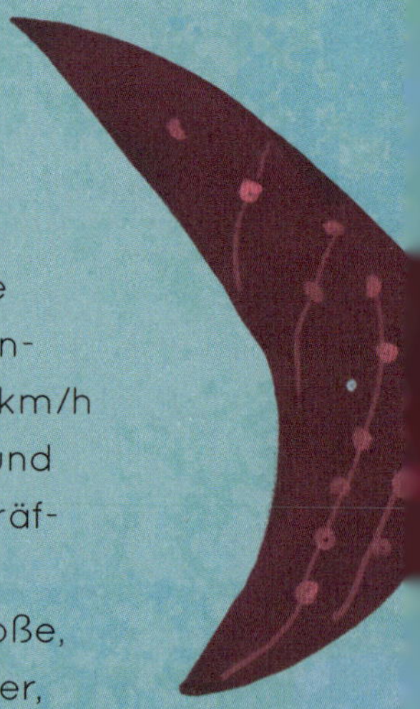

Dieser Fisch gilt als der schnellste Schwimmer im Ozean. Mit Spitzengeschwindigkeiten von bis zu 110 km/h rast er in Fischschwärme hinein und erlegt seine Beute mit raschen, kräftigen Hieben seiner speerähnlich verlängerten Schnauze. Seine große, segelförmige Rückenflosse nutzt er, um die Fische zusammenzutreiben, sodass er sie leichter erbeuten kann.

Außerhalb des Wassers überleben Fische nicht lange. Meeresräuber wie Delfine treiben Fischschwärme zur Oberfläche, um sie dort zu fangen. Fliegende Fische haben einen Ausweg gefunden: Sie springen aus dem Wasser heraus, spreizen ihre flügelähnlichen Flossen und gleiten durch die Luft.

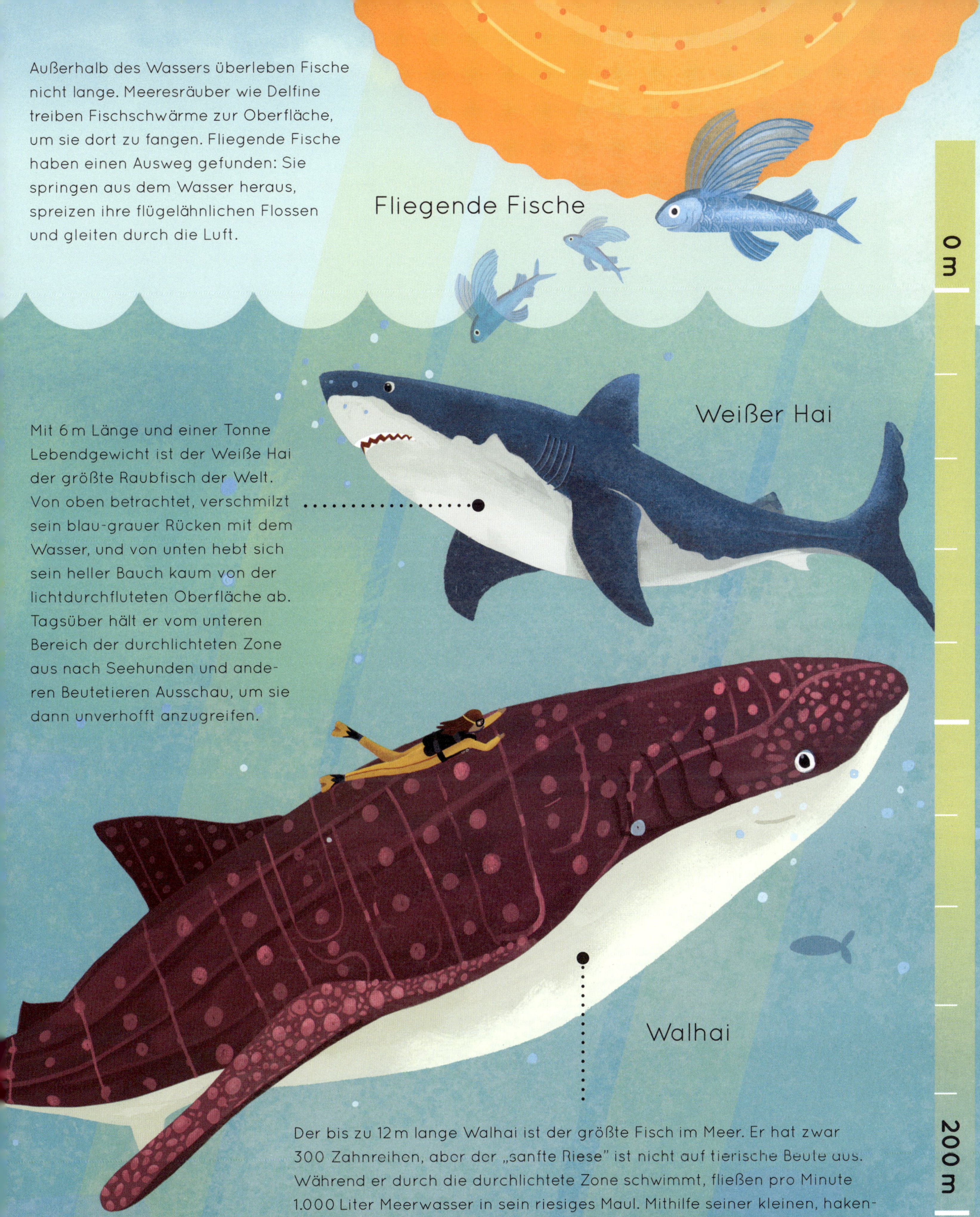

Fliegende Fische

Weißer Hai

Mit 6 m Länge und einer Tonne Lebendgewicht ist der Weiße Hai der größte Raubfisch der Welt. Von oben betrachtet, verschmilzt sein blau-grauer Rücken mit dem Wasser, und von unten hebt sich sein heller Bauch kaum von der lichtdurchfluteten Oberfläche ab. Tagsüber hält er vom unteren Bereich der durchlichteten Zone aus nach Seehunden und anderen Beutetieren Ausschau, um sie dann unverhofft anzugreifen.

Walhai

Der bis zu 12 m lange Walhai ist der größte Fisch im Meer. Er hat zwar 300 Zahnreihen, aber der „sanfte Riese" ist nicht auf tierische Beute aus. Während er durch die durchlichtete Zone schwimmt, fließen pro Minute 1.000 Liter Meerwasser in sein riesiges Maul. Mithilfe seiner kleinen, hakenförmigen Zähne filtert er das darin enthaltene Plankton heraus und scheidet das Wasser durch die Kiemenspalten seitlich am Kopf wieder aus.

0 m

200 m

DÄMMER-ZONE

In ungefähr 200 m Tiefe ist das Sonnenlicht nur noch eine blasse Ahnung. Sogar an strahlend hellen Tagen herrscht hier unten ein gespenstisches Dämmerlicht. Tauchen wir noch weiter hinab, ist es für Seetang und Phytoplankton bald zu dunkel, um die für sie lebensnotwendige Photosynthese betreiben zu können. Die Dämmerzone ist das Reich jener Tiere, die sich von anderen Tieren ernähren. Die kleinsten von ihnen, wie die Rippenqualle, filtern Nahrungspartikel aus dem Wasser. Viele Bewohner dieser Zone verfügen über die Fähigkeit, selbst Licht zu erzeugen. Diesen Vorgang nennt man Biolumineszenz. In speziellen Leuchtorganen, den Photophoren, finden chemische Prozesse statt, bei denen zum Teil farbiges Licht freigesetzt wird. Dieses dient den Tieren z. B. dazu, potenzielle Partner auf sich aufmerksam zu machen oder den eigenen Schwarm zusammenzuhalten. Andere locken damit Beutetiere an.

Diese kleinen Fische leben in großen Schwärmen. Tagsüber halten sie sich in den dunklen Bereichen der Tiefsee auf, aber sobald die Sonne untergeht, nähern sie sich der Wasseroberfläche, um Futter zu suchen. Sie verfügen über zahlreiche Leuchtorgane am Körper, die bläuliches Licht ausstrahlen. Dadurch werden sie im blauen Meerwasser beinahe unsichtbar!

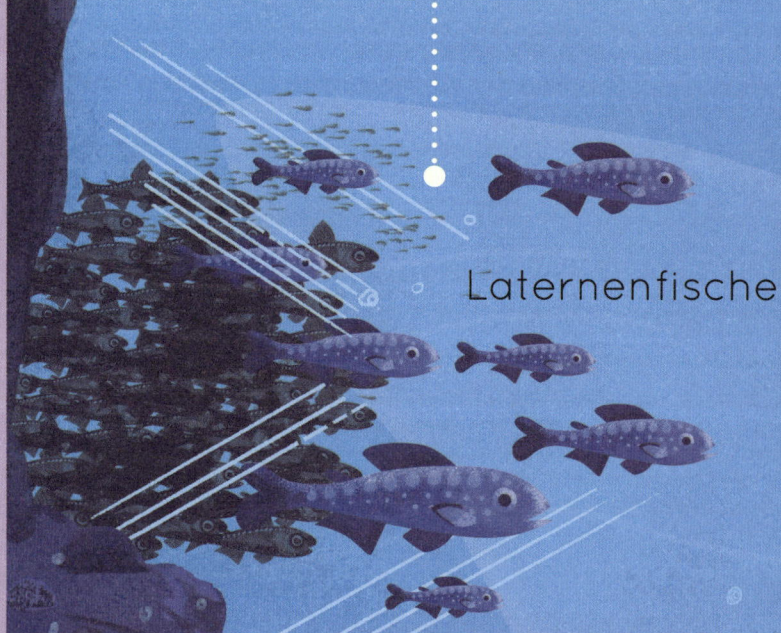

Laternenfische

ZIGARRENHAI

Vorsicht! Auch wenn dieser Hai nur so lang wie dein Arm ist, kann er heftig zubeißen! Mit seinen 450 messerscharfen Zähnen fügt er seinem Opfer – einem Wal, Delfin oder Großfisch – tiefe, kreisrunde Bisswunden zu, die ihm den englischen Namen *Cookiecutter shark*, „Plätzchenstecher-Hai", eingebracht haben. Der Hai lebt in den Tiefen warmer Ozeane und legt große Strecken zurück. Den Tag verbringt er im unteren Bereich der Dämmerzone. Wenn es Nacht wird, schwimmt er zur Nahrungssuche bis zur durchlichteten Zone hinauf, um dann bei Tagesanbruch wieder in die Tiefe abzutauchen.

Gespensterfische haben riesige, röhrenförmige Augen, die meist nach oben gerichtet sind. Die „Hochgucker" können durch ihre transparente Kopfoberseite hindurchschauen! Dadurch gelingt es ihnen, vor dem fahlen Licht, das von der Oberfläche her nach unten dringt, die Umrisse von Tieren zu erkennen, die über ihnen schwimmen.

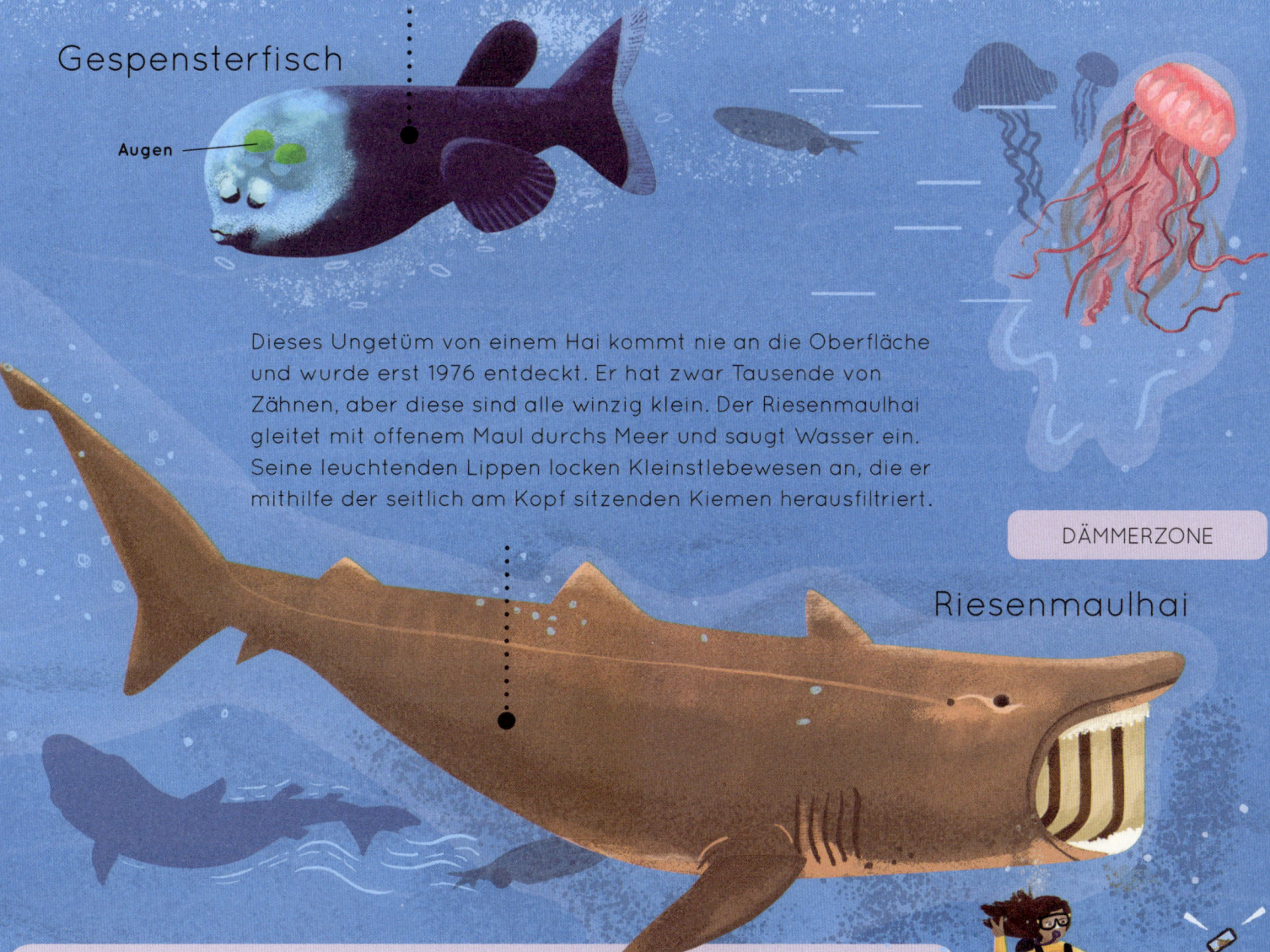

Gespensterfisch

Augen

Dieses Ungetüm von einem Hai kommt nie an die Oberfläche und wurde erst 1976 entdeckt. Er hat zwar Tausende von Zähnen, aber diese sind alle winzig klein. Der Riesenmaulhai gleitet mit offenem Maul durchs Meer und saugt Wasser ein. Seine leuchtenden Lippen locken Kleinstlebewesen an, die er mithilfe der seitlich am Kopf sitzenden Kiemen herausfiltriert.

DÄMMERZONE

Riesenmaulhai

WO SIND ALLE HIN?

Im Vergleich zur durchlichteten Zone erscheint das Wasser der Dämmerzone ziemlich leer. Das liegt einerseits daran, dass diese Zone sehr viel mehr Raum einnimmt, aber auch am geringeren Nahrungsangebot. Außerdem enthält das Wasser hier weniger Sauerstoff. Nahe der Oberfläche tragen Wellen und Wind dazu bei, dass sich Luft und Wasser mischen und Sauerstoff im Wasser gelöst wird. Davon kommt in der Dämmerzone jedoch wenig an, da Meeresströmungen die Wasserschichten nur langsam vermischen. Die hier lebenden Tiere sparen Energie, indem sie gemächlich durchs Wasser gleiten.

1.000 m

LICHTLOSE ZONE

LICHTLOSE ZONE

Unterhalb von 1.000 m wird der Ozean pechschwarz, dunkler als jede Nacht an Land. Hierhin gelangt kein Sonnenlicht. In der Tiefe verändert sich nicht viel. Während die Oberflächentemperaturen der Ozeane je nach Jahreszeit von unter 0 °C im Nordpolarmeer bis über 25 °C im mittleren Atlantik betragen können, herrschen in der Tiefe konstant 4 °C. Bei dieser Temperatur ist Wasser am schwersten, daher sinkt es zu Boden. Die Tiefsee ist weitgehend leer. Es gibt keine Pflanzen und nur wenige Tiere. Ihre Nahrungssuche gestaltet sich schwierig.

WASSERDRUCK

Druck ist eine Kraft, die von oben auf eine Fläche einwirkt. Die Luft übt permanent Druck auf uns aus, aber wir bemerken es nicht. Der Druck, den 10 m Wasser ausüben, entspricht dem Druck der gesamten Atmosphäre. In der Tiefsee ist der Wasserdruck somit 100-fach größer als an der Oberfläche – stark genug, um einen Menschen und die meisten U-Boote zu zermalmen. Die Tiere der Tiefsee haben daher weiche, gallertartige Körper, denen der Druck nichts anhaben kann. Geraten sie jedoch an die Oberfläche, verlieren sie jede Form – wie dieser arme Blobfisch.

SCHLINGER

Die Tiere der Tiefsee dürfen bei ihrer Nahrung nicht wählerisch sein. Dieser merkwürdige Fisch besteht fast nur aus Maul, und sein Magen ist so dehnbar, dass er Beute verschlingen kann, die größer ist als er selbst!

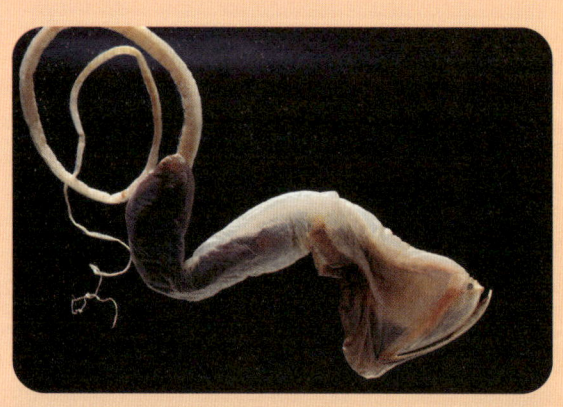

RIESENKALMARE UND POTTWALE

In der Tiefsee treffen zwei der größten Tiere der Welt aufeinander, um einen Kampf auf Leben und Tod zu führen. Pottwale sind die größten Raubtiere der Welt. Sie können bei ihren Tauchgängen 90 Minuten lang den Atem anhalten. Tintenfische sind ihr Leibgericht. Mit bis zu 13 m Länge sind Riesenkalmare nicht viel kürzer als viele männliche Pottwale, aber viel leichter. Der Wal packt den Tintenfisch mit den Zähnen, der Tintenfisch wehrt sich mit seinem scharfen Schnabel und den gezähnten Saugnäpfen seiner Tentakel. Zumindest stellen wir uns das so vor – gesehen hat einen solchen Kampf noch niemand.

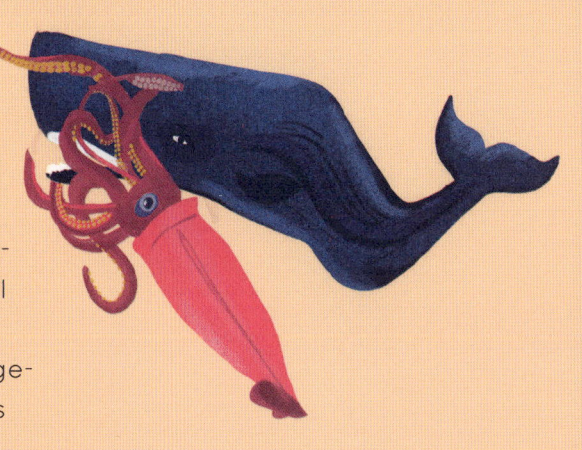

Tiefsee-Anglerfisch

Tiefseeangler verfügen über ein Leuchtorgan am Ende einer biegsamen „Angel" oben am Kopf. Der Leuchtkörper fungiert als Köder und lockt kleinere Tiefseebewohner an (die Körperlänge dieser Raubfische kann von 2 cm bis über 1 m betragen). Ist die Beute nah genug, reißt der Anglerfisch plötzlich sein großes, mit langen Fangzähnen bewehrtes Maul auf, saugt das Opfer ein und verschlingt es.

VAMPIRTINTENFISCH

Der lateinische Name dieser Tiefseekreatur bedeutet übersetzt „Vampirtintenfisch aus der Hölle". Der achtarmige Tintenfisch mit den Häuten zwischen den Armen (die ihm den Vampir-Namen eingebracht haben) nutzt einen Trick, um seine Feinde zu verwirren. Seine Körperoberseite ist mit Leuchtorganen besetzt, nicht aber die Unterseite. Nähert sich ein Räuber, klappt der Tintenfisch seinen „Mantel" um und wird sozusagen unsichtbar, weil die Leuchtkörper verdeckt sind.

1.000 m

4.000 m

MEERES-BODEN

Unter all dem Wasser liegt ganz tief unten der Meeresgrund, eine verborgene Welt, in der es meist kalt und immer dunkel ist. Nur wenige Menschen bekommen die Gelegenheit, hierher vorzudringen. Die Fauna ist erstaunlich vielfältig. Hier leben sowohl Tiere, die wir von der Küste kennen, wie Seesterne und Schalentiere, als auch Andersartiges wie Riesenasseln und übergroße Krebse. In großer Tiefe wachsen keine Algen. Der Boden ist eine weite Fläche aus Sand und weichem Schlamm. Es handelt sich um Ablagerungen aus den Partikeln, die von der Oberfläche nach unten sinken und sich Schicht um Schicht auf den Ozeanboden legen. Dieser sogenannte Meeresschnee bildet hier unten die Hauptnahrungsquelle. Er enthält abgestorbene Algenreste und die Ausscheidungen tierischer Organismen.

JAPANISCHE RIESENKRABBE

Sie ist die größte Krebsart der Welt und lebt küstennah am Meeresgrund in der Dämmerzone in etwa 400 m Tiefe. Würde sie ihre langen, dünnen Beine ausstrecken, wäre sie fast 5 m breit! Damit könnte sie mit einem großen Schritt über ein Doppelbett steigen. Mit ihren riesigen Zangen greift sie sich Weichtiere und anderes Futter am Meeresboden.

Dieser schleimige, schlangenförmige Fisch sucht am Meeresboden nach Kadavern großer Tiere, z. B. von Walen. Ein Kiefer fehlt, stattdessen sind die Zähne spiralförmig im runden Maul angeordnet. Damit reißt er Fleischstücke aus seiner Beute, während er sich dreht.

Schleimaal

Flohkrebse sind nahe Verwandte der Assel, leben aber am Meeresgrund und werden viel größer. Sie können über 30 cm lang werden (also fast so groß wie ein Kaninchen!). Flohkrebse ernähren sich von den Überresten toter Fische.

Riesen-
Flohkrebs

Fische, die am Meeresboden leben, sind häufig abgeflacht. So können sie sich besser zwischen Sand und Kies verbergen. Rochen sind mit den Haien verwandt, haben einen pfeilförmigen Körper und einen peitschenartigen Schwanz. Die Körper von Flundern und anderen Plattfischen hingegen sind seitlich abgeplattet. Bei ihnen wandert nach dem Larvenstadium ein Auge auf die andere Seite und der Schädel dreht sich, bis schließlich beide Augen oben sind!

Rochen

DAS WRACK DER TITANIC

Viele Schiffswracks liegen am Meeresgrund. 1912 kollidierte der Ozeandampfer *RMS Titanic* mitten im Nordatlantik mit einem Eisberg und ging unter. Über 1.500 Menschen starben. Das Schiff sank 3,8 km in die Tiefe, zerbrach in zwei Hälften und schlug auf dem Meeresboden auf. Erst 73 Jahre später wurde das Wrack aufgespürt. Es ist zu einem Paradies für die Fauna und Flora des Meeres geworden.

TIEFSEE-GRABEN

Der Tiefseeboden ist weitgehend eben und eintönig: kilometerweit nichts als Sand und Schlamm. Ozeanologen bezeichnen die ausgedehnte, leere Fläche als Abyssal-Ebene. An manchen Stellen jedoch fällt der Tiefseeboden abrupt ab und bildet steile Rinnen, die noch tiefer hinabreichen. Es handelt sich um Tiefseegräben. Der tiefste von ihnen ist der Marianengraben im Pazifischen Ozean. Es gibt über 50 dieser Einsenkungen, die meisten sind mindestens 3.000 m tiefer als der umgebende Tiefseeboden, was zu einem noch höheren Wasserdruck führt. Der Druck, den das Wasser auf den Boden des Marianengrabens ausübt, ist unfassbar groß – etwa so, als stünden 100 Elefanten auf deinem Kopf. Über die Tiere, die hier unten leben, weiß man wenig. Den Bereich der Tiefseegräben unterhalb 5.000 m nennt man Hadal, abgeleitet von Hades, dem göttlichen Herrscher der Unterwelt aus der griechischen Mythologie.

Ein Tiefseeroboter ist ein ferngesteuertes Unterwasserfahrzeug, das die Tiefseegräben für uns erforscht. Da sie unbemannt sind, können die Tauchroboter länger unter Wasser bleiben, um Höhlen und andere enge Stellen am Ozeanboden zu erkunden. In der Regel sind Tiefseeroboter über ein langes Kabel mit einem Mutterschiff an der Oberfläche verbunden. Sie senden Live-Videoaufnahmen vom Meeresgrund und sammeln Boden- und Tierproben.

Tauchroboter

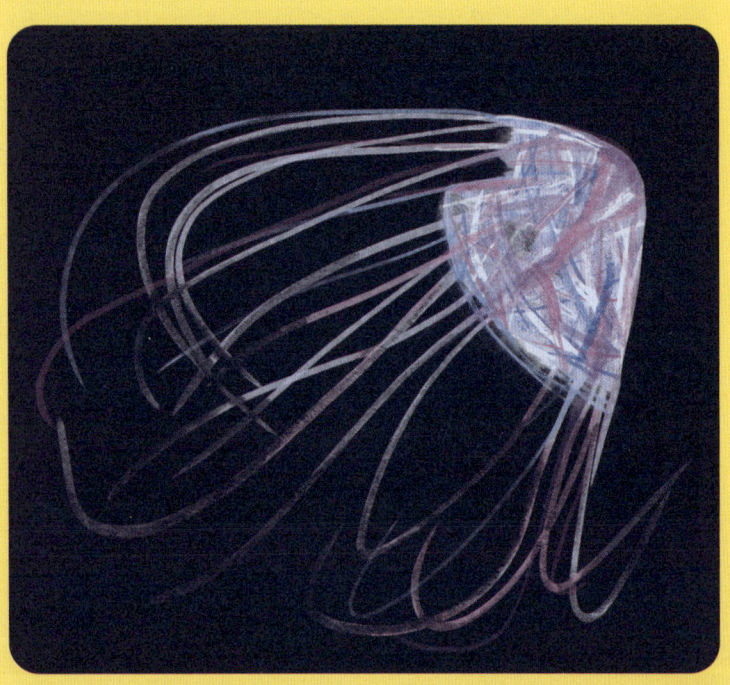

Der Meeresboden am Grund eines Tiefseegrabens ist mit sehr feinkörnigem Schlamm bedeckt. Dieses Tiefsee-Sediment besteht aus winzigen Partikeln. Betrachtet man diese unter dem Mikroskop, erkennt man teils wunderschön geformte Überreste von Mikroben, die aus höheren Wasserschichten herabgesunken sind.

Tiefsee-Sediment

TIERE IM TIEFSEEGRABEN

Fische sind in Tiefseegräben kaum zu finden. Dafür gibt es Muscheln, die sich von Schwebstoffen ernähren, die sie aus dem Wasser herausfiltern. Borstenwürmer graben im Bodensediment nach verwertbaren Partikeln. Ebenfalls im Hadal anzutreffen sind Seegurken, die mit Seesternen und Seeigeln verwandt sind. Die röhrenförmigen Wesen durchkämmen den feinen Schlamm nach Futter.

Tiefsee-U-Boot

Einen Tiefseegraben kann man nur mithilfe eines Tiefsee-U-Boots aufsuchen. Dies hält dem extremen Druck stand, der in diesen Tiefen herrscht. Es wird an Bord seines Mutterschiffs an den Ort des Tauchgangs transportiert, denn im Gegensatz zu anderen U-Booten kann es nicht selbst dorthin fahren.

6.000 m

11.000 m

VERMESSUNG DER TIEFE

Würde man die Ozeane trockenlegen, käme eine neue Landschaft mit Bergen, weiten Hochebenen und tiefen Schluchten zum Vorschein. Im Laufe der Jahrhunderte haben Meereswissenschaftler herausgefunden, wie man die Tiefe des Ozeans messen kann und was sich dort verbirgt. Und auch wenn unsere Karte des Meeresbodens noch zahllose weiße Flecken aufweist, wächst unser Wissen ständig, z.B. wenn eine Ozeanologin einen neuen unterseeischen Berg entdeckt.

HMS CHALLENGER

Der tiefste Punkt am Grund des Marianengrabens wird als Challengertief bezeichnet, weil er im Jahr 1875 von der Mannschaft der *HMS Challenger* erfasst wurde. Das britische Forschungsschiff war über vier Jahre lang auf hoher See, um die Meerestiefen zu messen, Proben vom Meeresboden zu sammeln sowie den Salzgehalt und die Temperatur des Wassers zu bestimmen. Die auf dieser Reise gesammelten Daten bildeten die Grundlage für eine neue Wissenschaft: die Meereskunde oder Ozeanografie.

LIDAR

Mithilfe eines Echolots erhält man eine sehr klare Darstellung des Meeresbodens, kann aber immer nur einen schmalen Streifen abtasten. Schneller geht es mit dem Lidar, einer radarähnlichen Methode, bei der ein Laserstrahl vom Flugzeug aus aufs Wasser gerichtet wird. Damit kann eine große Fläche rasch erfasst werden, allerdings weniger detailliert als mit dem Echolot.

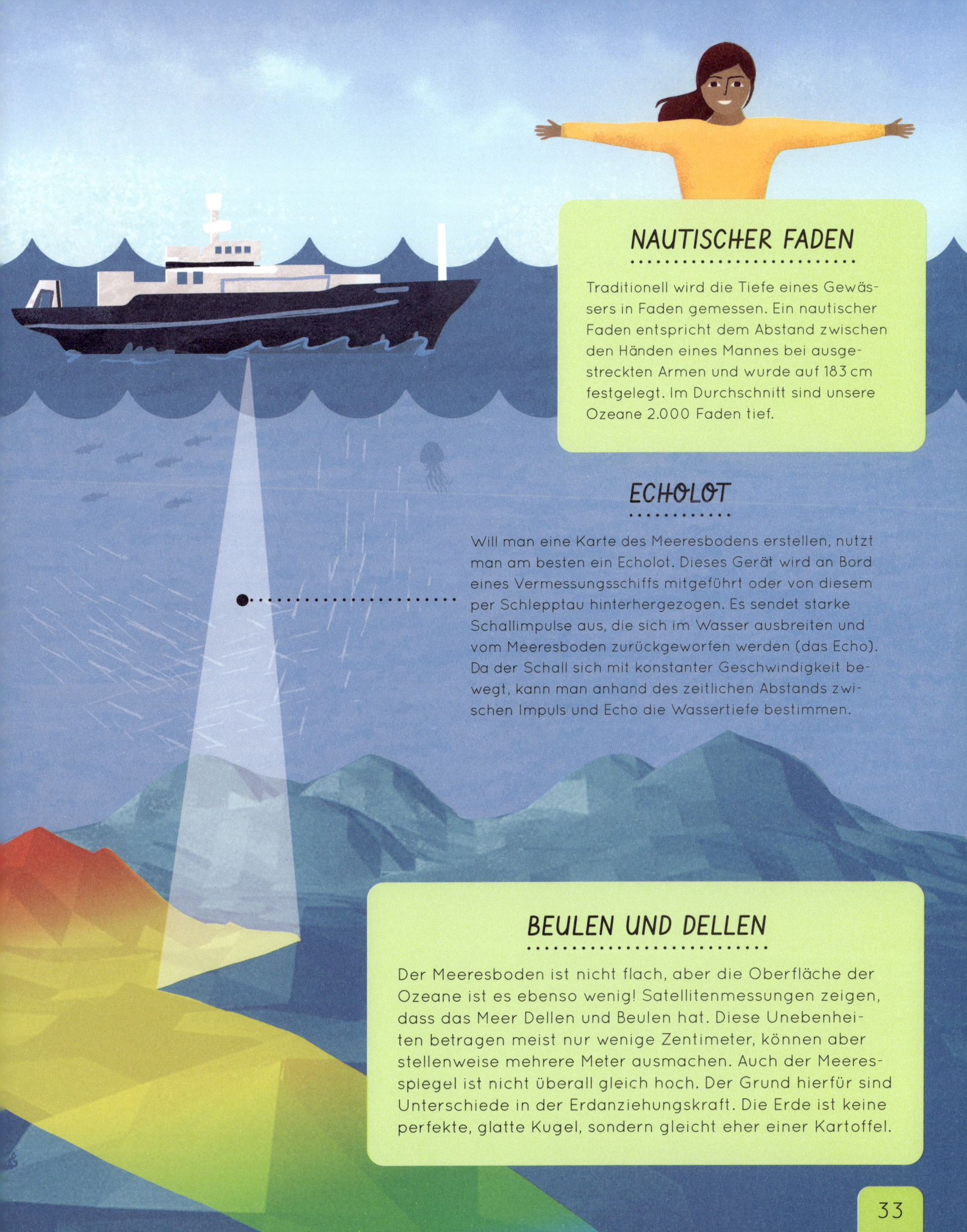

NAUTISCHER FADEN

Traditionell wird die Tiefe eines Gewässers in Faden gemessen. Ein nautischer Faden entspricht dem Abstand zwischen den Händen eines Mannes bei ausgestreckten Armen und wurde auf 183 cm festgelegt. Im Durchschnitt sind unsere Ozeane 2.000 Faden tief.

ECHOLOT

Will man eine Karte des Meeresbodens erstellen, nutzt man am besten ein Echolot. Dieses Gerät wird an Bord eines Vermessungsschiffs mitgeführt oder von diesem per Schlepptau hinterhergezogen. Es sendet starke Schallimpulse aus, die sich im Wasser ausbreiten und vom Meeresboden zurückgeworfen werden (das Echo). Da der Schall sich mit konstanter Geschwindigkeit bewegt, kann man anhand des zeitlichen Abstands zwischen Impuls und Echo die Wassertiefe bestimmen.

BEULEN UND DELLEN

Der Meeresboden ist nicht flach, aber die Oberfläche der Ozeane ist es ebenso wenig! Satellitenmessungen zeigen, dass das Meer Dellen und Beulen hat. Diese Unebenheiten betragen meist nur wenige Zentimeter, können aber stellenweise mehrere Meter ausmachen. Auch der Meeresspiegel ist nicht überall gleich hoch. Der Grund hierfür sind Unterschiede in der Erdanziehungskraft. Die Erde ist keine perfekte, glatte Kugel, sondern gleicht eher einer Kartoffel.

MITTEL-OZEANISCHE RÜCKEN

Der Ozean birgt ein großes Geheimnis, das zeigt, dass unsere Meere und Kontinente sich bewegen, allerdings ganz, ganz langsam. Vor vielen Millionen Jahren sah die Erdoberfläche vollkommen anders aus als heute. Aufschluss hierüber geben gewaltige Risse mitten durch den Ozeanboden, entlang der sogenannten Mittelozeanischen Rücken. Weit von der Küste entfernt erheben sich vulkanische Berge am Meeresgrund. Sie bilden lange Gebirgsrücken, die nur selten aus dem Wasser herausragen. Inmitten dieser verborgenen Berge entsteht neuer Ozeanboden, während an anderer Stelle alte Erdkruste in die Tiefe geschoben wird und wieder mit dem Planeten verschmilzt.

Auch wenn noch niemand ihre Gipfel bestiegen hat, ist das System der mittelozeanischen Rücken die längste Gebirgskette der Erde.

· ·

LÄNGSTER OZEANISCHER RÜCKEN: 20.000 km

GESAMTLÄNGE ALLER OZEAN. RÜCKEN: 70.000 km

DURCHSCHNITTLICHE TIEFE: 2.600 m

DURCHSCHNITTLICHE HÖHE DER GIPFEL: 2.000 m

MITTELATLANTISCHER RÜCKEN
· · · · · · · · · ·

Der erste Verdacht, dass es im Ozean Gebirgsrücken gibt, kam im späten 19. Jahrhundert auf, als die *Challenger*-Expedition die Meerestiefen im Atlantik maß. 80 Jahre später offenbarten Messungen mit dem Echolot, dass mitten im Atlantik ein Gebirgszug verläuft: der Mittelatlantische Rücken. Er ist ca. 20.000 km lang, und zu seinen höchsten Erhebungen zählen Island, die Azoren und St. Helena.

Der isländische Nationalpark Thingvellir liegt in einer Grabenbruchzone zwischen zwei Kontinentalplatten.

Meeresforscher haben herausgefunden, dass sich die ozeanischen Rücken langsam verbreitern. Der Mittelatlantische Rücken wächst jährlich um 2,5 cm. Dies geschieht, weil die Erdkruste im Zentrum des Rückens sehr dünn ist und Magma aus dem Erdinnern aufsteigt, als Lava austritt und zu neuem Ozeanboden erstarrt. So kommt stetig neue ozeanische Erdkruste hinzu, wodurch der ozeanische Rücken „gespreizt", d.h. auseinandergedrückt wird.

Die äußere, felsige Hülle unserer Erde besteht aus einzelnen Stücken, den sogenannten Kontinentalplatten. Ozeanische Rücken sind Orte, wo diese Platten aufeinandertreffen. An anderen Plattengrenzen schieben sich die Platten übereinander, die untere schmilzt zu Magma. Auf diese Weise entstehen Tiefseegräben.

Ozeanboden-spreizung

Jüngere ozeanische Erdkruste

Alter Ozeanboden wird verdrängt

Ozeanboden

Ältere ozeanische Kruste

Tiefsee-graben

Magma

KONTINENTALDRIFT

Da Ozeanboden an der einen Stelle neu entsteht und woanders eingeschmolzen wird, verändert sich die Oberfläche der Erde permanent in winzigen Schritten. Vor etwa 251 Millionen Jahren waren alle Kontinente zu einer Landmasse vereint. Dieser Urkontinent, Pangaea, war von einem Panthalassa genannten Ozean umgeben. Nach und nach trennten sich die Kontinente ab und nahmen die heutige Form an. Der Atlantik wird breiter, der Pazifik schrumpft – wie die Welt wohl in 251 Millionen Jahren aussieht?

Perm
vor 251 Mio. Jahren

Trias
vor 200 Mio. Jahren

Jura
vor 150 Mio. Jahren

Kreidezeit
vor 70 Mio. Jahren

Gegenwart

HYDROTHERMALE SCHLOTE

Hydrothermale Schlote sind heiße vulkanische Quellen am Ozeanboden. Aus ihnen tritt extrem heißes Wasser aus und vermischt sich mit dem eiskalten Tiefseewasser. Die ersten hydrothermalen Quellen entdeckten Meeresforscher in den 1970er Jahren. Bei ihren Tauchgängen per Tiefsee-U-Boot stießen sie auf ein einzigartiges Habitat am Ozeanboden mit vielen Tieren. Diese ernähren sich von den Chemikalien, die vom heißen Wasser freigesetzt werden.

WASSERTEMPERATUR:
464 °C

WASSERDRUCK: das
200-Fache d. Luftdrucks

HÖCHSTER SCHLOT:
Poseidon, 60 m, mittlerer
Atlantik

HYDROTHERMALFELD:
Lost City, mittlerer
Atlantik

ZUERST ENTDECKT:
Galapagos-Hotspot,
Pazifik

ANZAHL: bisher 185
(geschätzt 1.100)

RAUCHER

Schwarze oder Weiße Raucher sind hydrothermale Schlote, bei denen das ausgestoßene heiße Wasser dunkle oder helle Wolken bildet – wie Rauch aus einem Kamin. Auf seinem Weg durch das Gestein unter dem Ozeanboden vermischt sich das heiße Wasser mit chemischen Stoffen. Wenn es dann am Meeresboden austritt, kühlt es rasch ab und die gelösten Stoffe werden als Partikelwolke sichtbar.

BARTWÜRMER

In der Umgebung Schwarzer Raucher leben riesige Bartwürmer, die bis zu 2,5 m lang werden können. Mit seinen federähnlichen roten Filamenten nimmt der Wurm Chemikalien aus dem Wasser auf und führt sie den Bakterien zu, die in seinem Innern leben und daraus Nahrung für den Wurm herstellen.

BAKTERIENFUTTER

Die chemischen Stoffe, die ein hydrothermaler Schlot abgibt, vor allem der Schwefel der Schwarzen Raucher, dienen im Wasser lebenden Bakterien als Nahrung. Ähnliche Bakterien leben tief unter der Erde und ernähren sich von im Gestein enthaltenen Substanzen. Den an den Schloten lebenden Bakterien macht kochendheißes Wasser nichts aus. Die Tiere in der Umgebung ernähren sich wiederum von diesen Bakterien.

AUSSERIRDISCHE OZEANE

Biologen vermuten, dass die im Umfeld von hydrothermalen Schloten lebenden Mikroben nah verwandt sind mit den ersten Lebensformen, die vor über 3 Milliarden Jahren auf der Erde auftraten. Möglicherweise gibt es solche Hydrothermalquellen – und die dazugehörigen Bakterien – auch auf dem Jupitermond Europa und dem Saturnmond Enceladus. Unter der eisigen Oberfläche dieser beiden Monde verbergen sich riesige Ozeane. Europas Ozean enthält doppelt so viel Wasser wie der gesamte Weltozean.

TIERGESELLSCHAFT

Nur wenige Zentimeter vom kochend heißen Wasser der Schlote entfernt, herrschen angenehme Temperaturen. In der Umgebung von Hydrothermalquellen leben 100.000-mal so viele Tiere wie an gewöhnlichen Stellen des Ozeanbodens. Zu dieser Tiergesellschaft zählen z. B. Muscheln, die Bakterien aus dem Wasser herausfiltern, Krebse, die sich von den Muscheln ernähren, und gelegentliche Besucher aus dem offenen Ozean.

KALTE QUELLEN

An manchen Stellen ist das Wasser, das am Ozeanboden austritt, nicht heiß, sondern kalt. Die chemischen Stoffe, die darin gelöst sind, unterscheiden sich oft von denen der heißen Tiefseequellen. Das kalte, mineralstoffreiche Wasser ist schwerer als das umgebende Meereswasser und bildet einen Tümpel am Meeresgrund. Für viele Meeresbewohner ist dieses Wasser giftig.

SUBMARINE VULKANE

Gebirgszüge wie der Himalaja oder die Alpen entstanden dort, wo zwei Platten der Erdkruste aufeinandertrafen. Die eine schob sich unter die andere und drückte sie immer weiter nach oben – ein Bergmassiv bildete sich. Am Meeresboden verläuft die Gebirgsbildung anders. Meist handelt es sich um Vulkane, die mit jeder Eruption um eine neue Schicht aus festem Gestein (erkaltete Lava) wachsen. Ozeanografen gehen davon aus, dass es über 1 Million unterseeische Vulkane gibt, von denen die meisten heute erloschen sind. Etwa 75.000 von ihnen sind über 1.000 m hoch, und manche ragen so hoch vom Meeresboden auf, dass sie als Inseln die Meeresoberfläche durchbrechen, wie z. B. die Kanarischen Inseln. Doch die Gipfel der meisten unterseeischen Vulkane liegen weit unter der Oberfläche, und es entstehen ständig neue.

HÖHE: 4.460 m

GIPFEL: in 1.980 m Tiefe

SOCKEL: in 6.400 m Tiefe

TAMU-MASSIV

Lange galt das Tamu-Massiv als größter Schildvulkan der Erde. Es liegt im Nordpazifik, auf halbem Weg zwischen Hawaii und Japan, und bedeckt eine Fläche von fast 300.000 Quadratkilometern, ist also fast so groß wie Italien!

MAUNA KEA

Die Insel Hawaii, auch Big Island genannt, ist die jüngste der hawaiischen Inselkette. Dort befinden sich mehrere Vulkane. Der größte von ihnen ist der Mauna Kea, dessen Gipfel 4.207 m über dem Meeresspiegel liegt. Der Sockel dieses mächtigen Berges liegt jedoch tief unten am Meeresgrund. Von dort aus gemessen, ist der Mauna Kea sogar 10.203 m hoch. Damit ist der Vulkan im Ganzen betrachtet sogar höher als der Mount Everest mit seinen 8.850 m!

Bei einem Vulkanausbruch fließt heißes, flüssiges Gestein, sogenannte Lava, aus Rissen in der Erdkruste heraus. Geschieht dies im Meer, kühlt das kalte Wasser die Lava schnell ab, und sie erstarrt zu runden Formen, die Kissenlava genannt werden.

Kissenlava

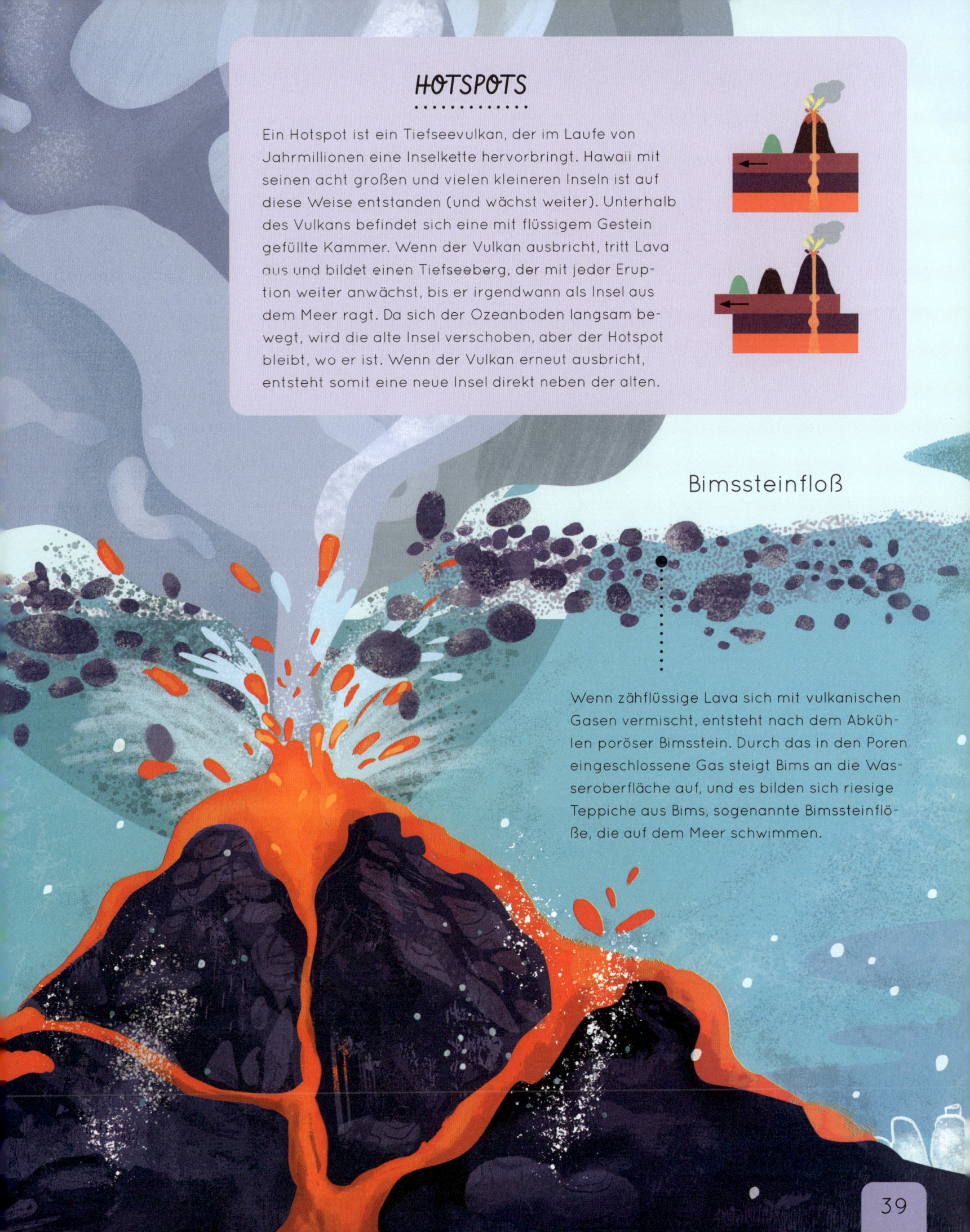

HOTSPOTS

Ein Hotspot ist ein Tiefseevulkan, der im Laufe von Jahrmillionen eine Inselkette hervorbringt. Hawaii mit seinen acht großen und vielen kleineren Inseln ist auf diese Weise entstanden (und wächst weiter). Unterhalb des Vulkans befindet sich eine mit flüssigem Gestein gefüllte Kammer. Wenn der Vulkan ausbricht, tritt Lava aus und bildet einen Tiefseeberg, der mit jeder Eruption weiter anwächst, bis er irgendwann als Insel aus dem Meer ragt. Da sich der Ozeanboden langsam bewegt, wird die alte Insel verschoben, aber der Hotspot bleibt, wo er ist. Wenn der Vulkan erneut ausbricht, entsteht somit eine neue Insel direkt neben der alten.

Bimssteinfloß

Wenn zähflüssige Lava sich mit vulkanischen Gasen vermischt, entsteht nach dem Abkühlen poröser Bimsstein. Durch das in den Poren eingeschlossene Gas steigt Bims an die Wasseroberfläche auf, und es bilden sich riesige Teppiche aus Bims, sogenannte Bimssteinflöße, die auf dem Meer schwimmen.

MEERES-INSELN

Eine Insel ist ein Stück Land, das von Wasser umgeben ist. Es gibt Millionen von ihnen in unseren Ozeanen, meist in Gestalt von blanken Felsen, die aus dem Meer herausragen. Etwa 11.000 Inseln sind groß genug, dass Menschen auf ihnen leben können. Man unterscheidet zwischen kontinentalen und ozeanischen Inseln. Kontinentale Inseln wie Grönland, Großbritannien oder Borneo sind von dem zugehörigen Kontinent dadurch getrennt, dass tiefliegende Bereiche von Meereswasser überflutet wurden. Ozeanische Inseln erheben sich vom Ozeanboden und sind in der Regel vulkanischen Ursprungs. Sie sind meist kleiner und abgelegener als die kontinentalen Inseln.

GUANO-INSELN

Viele Seevögel wie z. B. Albatrosse können tagelang in der Luft bleiben und sogar im Flug schlafen. Dennoch benötigen sie ein Stück Land, um sich auszuruhen, Eier zu legen und ihre Jungen aufzuziehen. Abgelegene ozeanische Inseln sind ideal, weil es dort keine Räuber wie Ratten oder Katzen gibt. So kommt es, dass Millionen von Vögeln jedes Jahr auf entlegenen Inseln dicke Schichten Vogelkot hinterlassen. Dieser trocknet zu einer weißen Substanz namens Guano. Dank seiner Inhaltsstoffe dient Guano sowohl als Dünger als auch zur Sprengstoffherstellung.

Die abgelegenste bewohnte Insel der Welt ist Tristan da Cunha im Südatlantik. Die Vulkaninsel, auf der ca. 250 Menschen leben, ist gut 2.816 km von der nächsten Stadt – Kapstadt in Südafrika – entfernt.

Ein Atoll ist eine Koralleninsel, deren festes Land einen See oder eine Lagune umschließt. Atolle kommen in warmen Gewässern vor, insbesondere im Pazifischen und Indischen Ozean. Sie sind aus Korallenriffen entstanden, die sich rund um einen nicht mehr aktiven Tiefseeberg gebildet haben. Das Meer trägt den Berg in der Mitte nach und nach ab, bis der stark abgeflachte Gipfel knapp unter der Oberfläche liegt und nur noch der Korallenring aus dem Wasser ragt.

DIE DRACHENINSEL

Auf der indonesischen Insel Komodo gibt es echte Drachen! Der Komodowaran, auch Komododrache genannt, ist die größte Echse der Welt: bis zu 3 m von der Nase bis zur Schwanzspitze! Mit seiner langen, gespaltenen Zunge kann er züngelnd Beutetiere wie z. B. kleine Wildschweine orten. Sein Speichel enthält ein langsam wirkendes Gift. Wenn er zubeißt, muss er nur warten, bis seine Beute verendet.

BALL'S PYRAMID

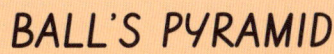

Dieser 562 m hohe, spitze Felsen, der vor der Küste Australiens aus dem Meer ragt, ist der Überrest eines uralten Vulkans, dessen weichere äußere Gesteinsschichten abgetragen wurden. Zurück blieb nur der härtere innere Fels. Ball's Pyramid ist der größte Brandungspfeiler der Erde und außerdem eine der weltweit steilsten Inseln.

KONTINENTAL-SCHELF

Auf der Landkarte erscheint es klar, wo das Festland endet und der Ozean beginnt: entlang der Küstenlinie, also dort, wo Wasser das Land zu bedecken beginnt. Man kann das aber auch anders sehen. Das Festland der Erde besteht aus mächtigen Stücken Erdkruste, deren Gestein bis zu 50 km dick sein kann. Auch der Meeresboden nahe der Küste gehört zu dieser dicken Kruste. Er bildet den Festlandsockel oder Kontinentalschelf, wo das Wasser selten tiefer als 200 m ist. Unter dem Tiefseeboden ist die Erdkruste nur etwa 8 km dick. Dünne und dicke Kruste treffen am Rand des Kontinentalschelfs aufeinander, wo der Meeresboden steil abfällt. Ließe man alles Wasser aus dem Ozean ab, wäre diese Schelfkante die am deutlichsten sichtbare Grenzlinie der Erdoberfläche.

Die Festlandsockel aller Ozeane zusammengenommen bedecken eine Fläche von 32.242.540 Quadratkilometern – fast das Doppelte der Fläche Russlands, des größten Landes der Welt.

ARKTISCHER OZEAN:
52 % des Meeresbodens ist Schelf

INDISCHER OZEAN:
6 %

ATLANTIK:
10 %

PAZIFIK:
5 %

SÜDLICHER OZEAN:
13 %

SCHELFMEER

Der Festlandsockel ist von der Küste an etwa 300 km weit von flachem Meer bedeckt. Im Vergleich zur Tiefsee wimmelt es hier nur so vor Leben! Orcas, Seehunde, Delfine und Haie sind zu sehen, und es gibt regelrechte Wälder aus Seetang. Der Riesentang vor der Westküste Nordamerikas ist die am schnellsten wachsende Pflanze der Welt. An einem Tag wächst er bis zu 60 cm!

KONTINENTALFUSS

Am unteren Ende des Kontinentalhangs wird der Meeresboden langsam flacher. Dieser Abschnitt ist der Kontinentalfuß. Der Meeresgrund ist hier mit Schlamm, Sand und Felsen bedeckt, die den Kontinentalhang hintergespült wurden. Ein Großteil dieses Materials war vorher Teil des Kontinentalschelfs, brach aber bei einem Sturm oder Erdbeben ab.

SCHELFKANTE

Den Rand des Festlandsockels nennt man Schelfkante. Von hier an wird das Meer rasch sehr tief,
und hier beginnt der Kontinentalhang, der bis zum
Kontinentalfuß in etwa 2.000 m Tiefe reicht. Alle
Schelfkanten aneinandergereiht wären ungefähr
300.000 km lang. Der Kontinentalhang
kann steil und schroff abfallen oder sanft
geneigt in die Tiefe führen.

SUBMARINER CANYON

Der Kontinentalschelf wird häufig
von submarinen, d. h. unterseeischen
Canyons durchschnitten. Die v-förmi-
gen, tiefen Schluchten im Meeresboden entstehen durch die erodierende
Wirkung von Flüssen. Der größte
submarine Canyon ist der Zhemchug
Canyon in der Beringsee. Mit einem
Volumen von 5.800 Kubikkilometern
wäre er groß genug, um 100-mal den
Mount Everest zu fassen.

SEEOTTER

Die bekanntesten Bewohner der großen Tangwälder
sind die Seeotter. Sie ernähren sich von Muscheln und
Meeresschnecken, die sie am Meeresboden sammeln.
Dann schwimmen sie an die Oberfläche, legen sich
auf den Rücken und lassen sich treiben: Ihr dickes Fell
hält sie über Wasser und wärmt sie. Otter benutzen
kleine Steine, um die Schale ihrer Beutetiere auf-
zubrechen. Zum Schlafen umwickeln sich die Tiere
mit Seetang, um nicht abgetrieben zu werden, und
manchmal halten sie sogar Händchen.

EISBERGE

Achtung! Eisberg voraus! Ein Eisberg ist ein riesiges Stück Eis, das von einem Gletscher oder Eisschelf abgebrochen ist und aufs offene Meer getrieben wurde. Ungefähr 40.000 Eisberge treten jedes Jahr diese Reise an, die meisten kommen aus Grönland bzw. aus der Antarktis. Das Eis eines Eisbergs bildet sich an Land und bewegt sich über viele Jahre hinweg Richtung Ozean, wobei stets frisches Eis hinzukommt und älteres vor der Küste abbricht. Dieser Prozess dauert sehr lange: Eisberg-Eis ist etwa 10.000 Jahre alt! Der größte jemals gemessene Eisberg war 168 m hoch, das entspricht etwa der Höhe eines 55-stöckigen Wolkenkratzers.

Es ist bekannt, dass sich 90 % eines Eisbergs unter Wasser befinden. In der Regel ist der Eisberg unter der Wasseroberfläche 30 % breiter als darüber, daher dürfen Schiffe nicht zu nah heranfahren. Treiben Eisberge in wärmere Gewässer, schmelzen sie von unten nach oben. Es kann zwei bis drei Jahre dauern, bis ein Eisberg ganz verschwunden ist.

WARUM SCHWIMMT EIS OBEN?

Eisberge bestehen nicht aus gefrorenem Meereswasser, sondern aus Süßwasser. Salziges Wasser hat eine höhere Dichte als Süßwasser, d.h. ein Eimer Meerwasser ist schwerer als ein Eimer Süßwasser. Deswegen schwimmt der Eisberg auf dem Meer. Hinzu kommt, dass Wasser sich beim Gefrieren ausdehnt – ein Eimer Eis wiegt weniger als ein Eimer Wasser. Das ist bei keiner anderen Flüssigkeit so. Ohne diese ungewöhnliche Eigenschaft des Wassers würden Eisberge auf den Meeresgrund hinabsinken und große Teile des Ozeanbodens wären mit einer dicken Eisschicht bedeckt.

GEFAHR FÜR SCHIFFE

Beton ist zwar 10-mal härter als das Eis von Eisbergen, aber da ein durchschnittlicher Eisberg 150.000 Tonnen wiegt, genügt dieser Härtegrad, um ein Schiff (das größte Schiff der Welt wiegt ca. 400.000 t) bei einem Zusammenstoß schwer zu beschädigen. Manche Eisberge kippen aufgrund ihrer Form leicht um und verursachen dann hohe Wellen, die einem Schiff ebenfalls gefährlich werden können.

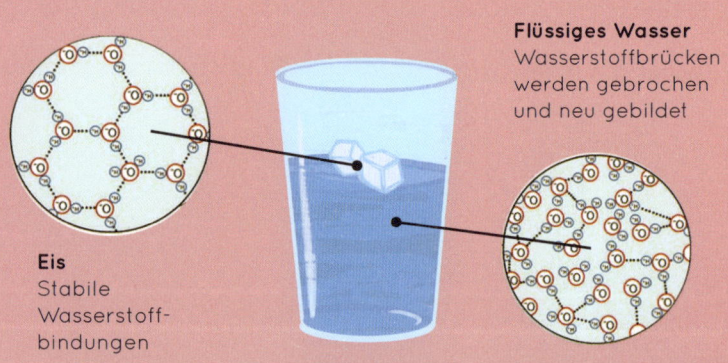

Flüssiges Wasser
Wasserstoffbrücken werden gebrochen und neu gebildet

Eis
Stabile Wasserstoffbindungen

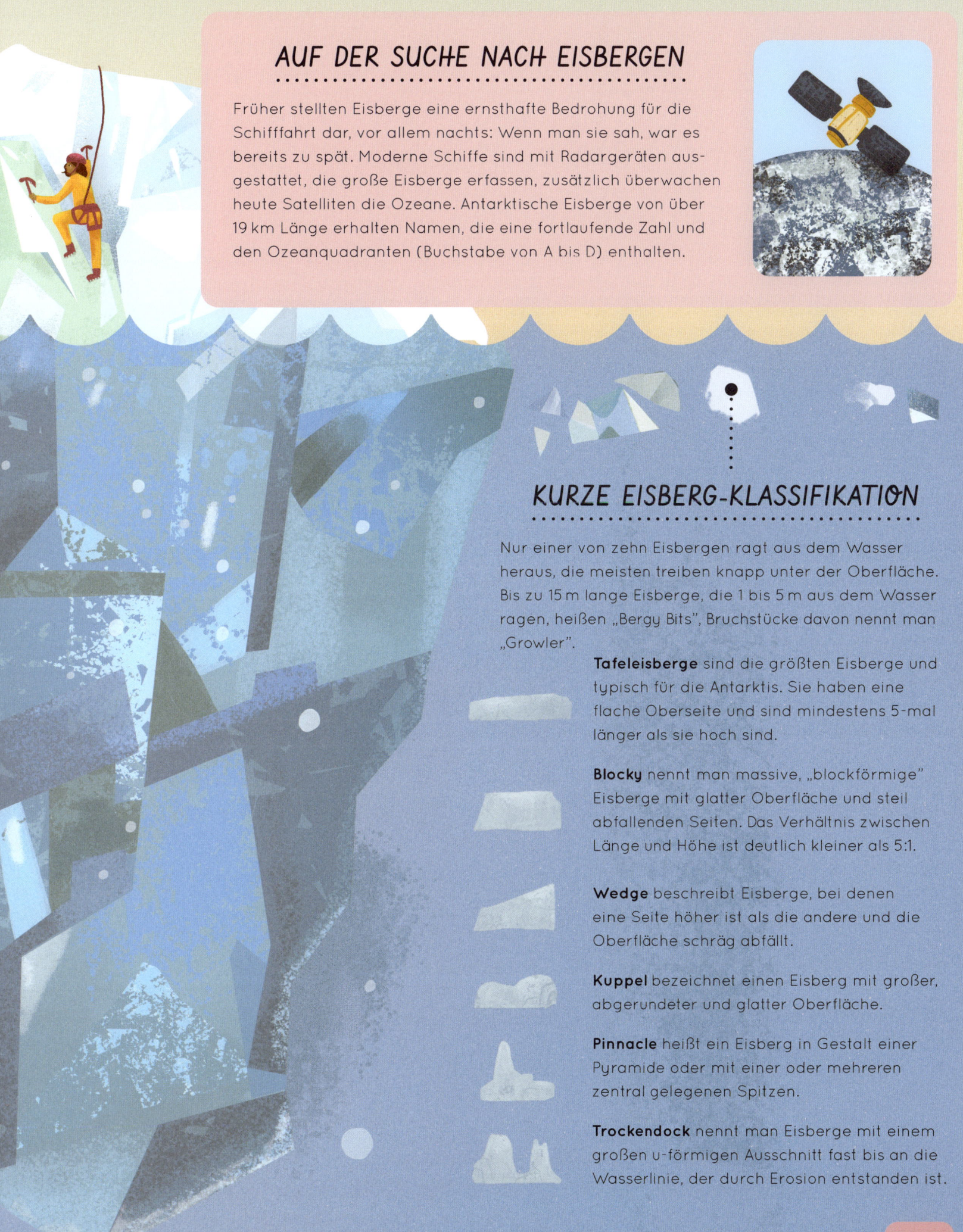

AUF DER SUCHE NACH EISBERGEN

Früher stellten Eisberge eine ernsthafte Bedrohung für die Schifffahrt dar, vor allem nachts: Wenn man sie sah, war es bereits zu spät. Moderne Schiffe sind mit Radargeräten ausgestattet, die große Eisberge erfassen, zusätzlich überwachen heute Satelliten die Ozeane. Antarktische Eisberge von über 19 km Länge erhalten Namen, die eine fortlaufende Zahl und den Ozeanquadranten (Buchstabe von A bis D) enthalten.

KURZE EISBERG-KLASSIFIKATION

Nur einer von zehn Eisbergen ragt aus dem Wasser heraus, die meisten treiben knapp unter der Oberfläche. Bis zu 15 m lange Eisberge, die 1 bis 5 m aus dem Wasser ragen, heißen „Bergy Bits", Bruchstücke davon nennt man „Growler".

Tafeleisberge sind die größten Eisberge und typisch für die Antarktis. Sie haben eine flache Oberseite und sind mindestens 5-mal länger als sie hoch sind.

Blocky nennt man massive, „blockförmige" Eisberge mit glatter Oberfläche und steil abfallenden Seiten. Das Verhältnis zwischen Länge und Höhe ist deutlich kleiner als 5:1.

Wedge beschreibt Eisberge, bei denen eine Seite höher ist als die andere und die Oberfläche schräg abfällt.

Kuppel bezeichnet einen Eisberg mit großer, abgerundeter und glatter Oberfläche.

Pinnacle heißt ein Eisberg in Gestalt einer Pyramide oder mit einer oder mehreren zentral gelegenen Spitzen.

Trockendock nennt man Eisberge mit einem großen u-förmigen Ausschnitt fast bis an die Wasserlinie, der durch Erosion entstanden ist.

DER KLIMA-WANDEL UND DIE OZEANE

Wissenschaftler fanden heraus, dass das Handeln der Menschen das Klima unseres Planeten verändert. Ein Großteil dieser Veränderungen betrifft die Weltmeere: Wassertemperatur und Pegelstände steigen. Der menschengemachte Klimawandel verstärkt den Treibhauseffekt, also den natürlichen Mechanismus, mit dem Sonnenwärme mithilfe von „Treibhausgasen" auf der Erde gespeichert werden kann. In den letzten 200 Jahren haben wir Menschen durch den Verbrauch fossiler Brennstoffe wie Kohle und das Abholzen von Wäldern die Menge von Treibhausgasen (vor allem CO_2, also Kohlenstoffdioxid) in der Luft stark erhöht. Das hat den Planeten aufgeheizt. Die Luft ist heute 0,8 °C wärmer als vor 150 Jahren, die Ozeane sind im Schnitt 0,1 °C wärmer. Das klingt sehr wenig, aber die Auswirkungen auf das Leben im Wasser und an Land sind enorm.

WAS IST KLIMA?
....

Klima und Wetter sind zwei verschiedene Dinge. Als Wetter bezeichnen wir die Bedingungen an einem bestimmten Ort zu einem bestimmten Zeitpunkt – heute ist es z.B. kalt und nass. Die Wettervorhersage versucht herauszufinden, wie sich das Wetter verändern wird und warnt uns vor Hitze oder einem Gewitter. Das Klima hingegen beschreibt die Arten von Wetter, die einen bestimmten Ort das Jahr über prägen. Das Klima in der Karibik ist warm und sonnig mit gelegentlichen Stürmen, das Klima an der Ostsee ist eher kühl und regnerisch. Klimawandel könnte mehr extreme Wetterereignisse und veränderte Wassertemperaturen bedeuten.

Kohlenstoffdioxid vermischt sich leicht mit Wasser und wenn du genügend davon hinzugibst, wird das Wasser sprudelig. So hoch ist der CO_2-Gehalt in den Weltmeeren längst nicht, aber er steigt, weil wir mehr von diesem Gas in die Luft abgeben. Dadurch wird das Meerwasser saurer. Säuren reagieren besonders leicht mit anderen Stoffen. Ein saures Meer trägt mehr Gestein ab und erschwert es z.B. Muscheln, kräftige Gehäuse auszubilden.

Die Erwärmung der Ozeane verändert die chemische Zusammensetzung des Meerwassers, das normalerweise mit Sauerstoff aus der Luft vermischt ist. Wir holen uns Sauerstoff aus der Luft, Meeresbewohner aus dem Wasser. Wärmeres Wasser enthält weniger Sauerstoff, deswegen erschwert der Klimawandel den Meeresbewohnern das Überleben.

Wenn du Wasser erwärmst, dehnt es sich aus, das heißt es hat ein größeres Volumen. Eine Erwärmung um 0,1 °C ist nur ein winziger Temperaturunterschied, aber selbst kleinste Veränderungen können riesige Auswirkungen haben, wenn sie den gesamten Ozean betreffen. Meeresforscher gehen davon aus, dass der Meeresspiegel bei fortschreitender Erwärmung in den nächsten 100 Jahren um mindestens 30 cm steigen wird.

TREIBHAUSEFFEKT

Der Treibhauseffekt ist ein natürliches Phänomen. Die Durchschnittstemperatur auf der Erde – gegenwärtig 14 °C – läge ohne Treibhauseffekt bei frostigen −18 °C und Land wie Meer wären größtenteils eisbedeckt. Wie der Name schon sagt, funktioniert der Effekt wie bei einem Treibhaus: Die Glasscheiben lassen Licht herein, verhindern aber, dass Wärme entweicht, daher ist es im Innern stets warm. Auf die gleiche Weise durchdringen die Sonnenstrahlen die Erdatmosphäre und wärmen Land und Meer. Diese Wärme soll eigentlich in Form von unsichtbaren Infrarotstrahlen wieder in den Weltraum abgestrahlt werden, aber die Treibhausgase verhindern das.

CO_2 und andere Gase in der Atmosphäre halten die Wärme auf der Erde fest.

Ein Teil des Sonnenlichts, das auf die Erde trifft, wird reflektiert.

MEERES-WELLEN

Die Oberfläche des Ozeans ist selten vollkommen glatt. Wenn Wind über ruhiges Wasser weht, entstehen durch die Reibung Wellen, das Wasser kräuselt sich. Diese kleinen Wellen bieten dem Wind mehr Widerstand und werden größer. Die Größe von Meereswellen hängt von drei Faktoren ab: der Windstärke, der Wirkdauer des Windes (d.h. wie lange er weht) und seiner Anlaufstrecke, also der Länge der Wasserstrecke, auf die der Wind einwirkt. Die Anlaufstrecke kann wenige Kilometer oder mehr als 2.500 Kilometer betragen. Sobald der Wind abklingt, bewegen sich die Wellen als Dünung in der gleichen Richtung fort, bis sie an der Küste zur Brandung werden.

SEEGANGSSKALA

Den Wellenverhältnissen eines Gebietes wird eine Seegangsstärke zugeordnet, an der Seefahrer sich orientieren können. Diese richtet sich nach der Wellenhöhe, also dem Abstand zwischen Wellenkamm (höchster Punkt) und dem tiefsten Punkt des Wellentals dahinter:

Seegangsstärke	Wellenhöhe
0	0 Meter
1	0 bis 0,1 Meter
2	0,1 bis 0,5 Meter
3	0,5 bis 1,25 Meter
4	1,25 bis 2,5 Meter
5	2,5 bis 4 Meter
6	4 bis 6 Meter
7	6 bis 9 Meter
8	9 bis 14 Meter
9	mehr als 14 Meter

BRECHERFORMEN

Die Form einer brechenden Welle hängt davon ab, wie steil das Ufer ist.

Schwallbrecher: flaches Ufer; Wellenkamm stürzt über die Vorderfront der Welle hinab

Sturzbrecher: geneigtes Ufer; Wellenkamm überschlägt sich nach vorne

Reflexionsbrecher: steiles Ufer; der untere Teil der Welle „überholt" den Kamm

IM INNERN DER WELLE
....

Wenn eine Tiefwasserwelle über die Meeresoberfläche wandert, bewegt sich das Wasser nicht mit ihr fort. Stattdessen bewegen sich die Wasserteilchen unterhalb der Welle auf kreisförmigen Bahnen, die mit zunehmender Tiefe kleiner werden. Am höchsten Punkt der Welle, dem Wellenkamm, überschlägt sich das Wasser und stürzt hinab, so entsteht das Wellental. Im tiefen Wasser heben und senken sich die Wellen in einem gleichbleibenden Rhythmus und der Abstand zwischen den Wellenkämmen (die Wellenlänge) bleibt gleich.

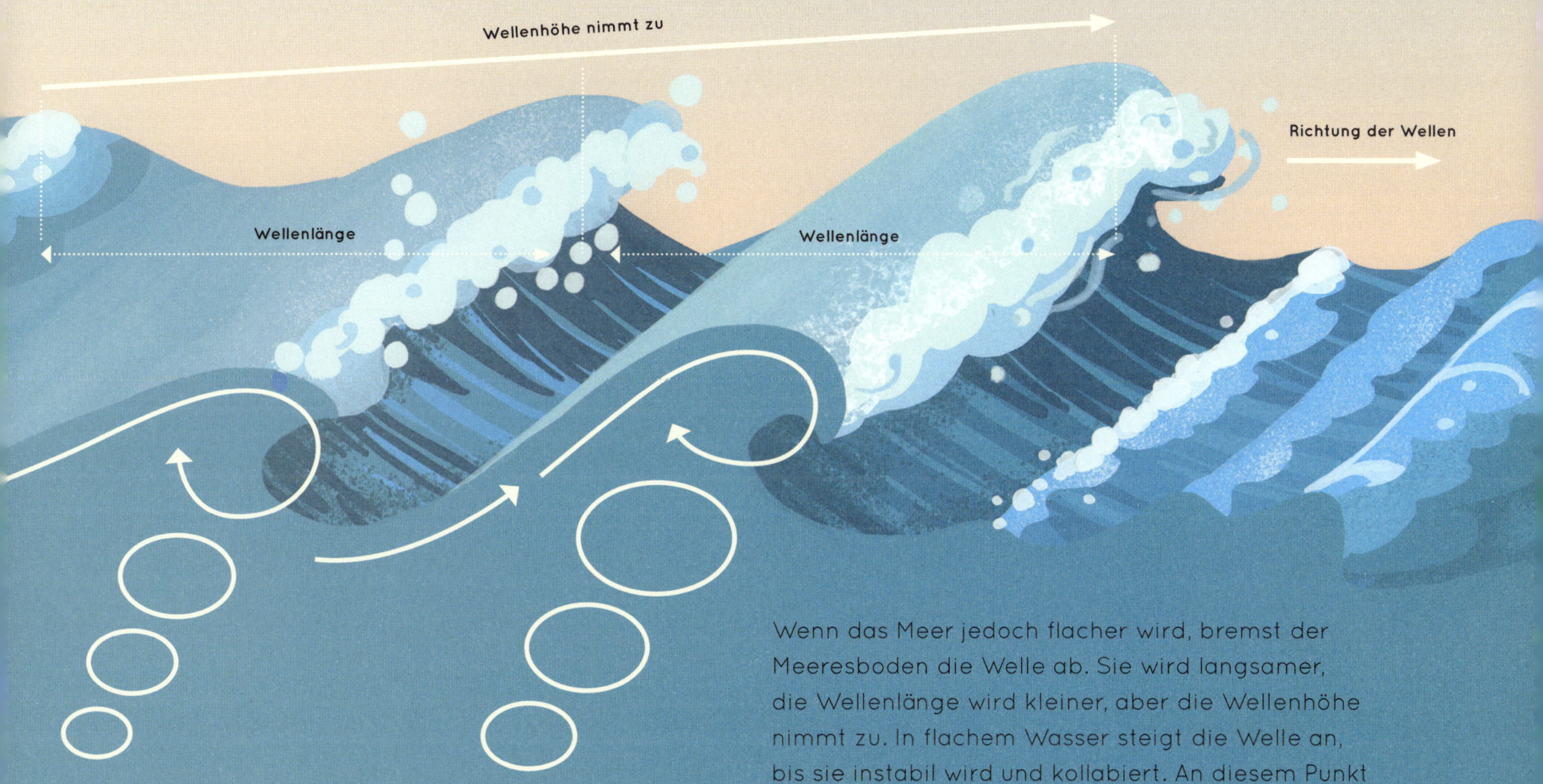

Wellenhöhe nimmt zu

Richtung der Wellen

Wellenlänge

Wellenlänge

Wenn das Meer jedoch flacher wird, bremst der Meeresboden die Welle ab. Sie wird langsamer, die Wellenlänge wird kleiner, aber die Wellenhöhe nimmt zu. In flachem Wasser steigt die Welle an, bis sie instabil wird und kollabiert. An diesem Punkt bricht die Welle und brandet an die Küste.

ALGENSCHAUM
....

Wenn Wellen brechen, entsteht Gischt, ein weißliches Gemisch aus Wasser und Luft. Manchmal setzt sich gelb-weißer Schaum am Strand und zwischen den Felsen ab, den viele für ein Anzeichen dafür halten, dass unnatürliche Chemikalien wie Seife ins Meer geleitet wurden. Aber es handelt sich um Algenschaum: Er entsteht, wenn die Überreste von Plankton und verrotteten Pflanzenteilen durch die brechenden Wellen aufgewirbelt werden. Algenschaum ist zwar natürlich, kann aber auch giftige Stoffe enthalten, je nachdem, welche Algen beteiligt sind.

TSUNAMIS

Die größten Ozeanwellen sind Tsunamis. Sie können mehr als 10 m hoch sein, innerhalb weniger Stunden ganze Ozeane durchqueren und weit ins Landesinnere vordringen, wo sie gewaltige Schäden anrichten und extrem gefährlich sind. Hauptursache sind unterseeische Erdbeben. Daher treffen Tsunamis am häufigsten die Küsten des Pazifischen und Indischen Ozeans, wo sich die meisten Vulkane und Tiefseegräben befinden. Das japanische Wort *Tsunami* bedeutet ursprünglich „Hafenwelle". Auf offener See wird die massive Welle oft nicht bemerkt, aber beim Auftreffen auf die Küste türmt sie sich plötzlich zu einer gigantischen Wand aus Wasser auf, die an Land kracht. Tsunami-Warnsysteme erfassen die unterseeischen Beben, sodass die Menschen Vorkehrungen treffen können, bevor die Flutwelle eintrifft.

GRÖSSTER TSUNAMI:
Lituya Bay, Alaska, 1958

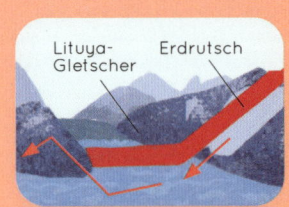

Dieser Megatsunami war mit seiner 520 m hohen Welle der größte seit Beginn der Aufzeichnungen. Verursacht wurde er durch einen Erdrutsch in einer schmalen Bucht in Alaska.

TÖDLICHSTER TSUNAMI:
Indischer Ozean, 2004

Dieser Tsunami am 24.12.2004 kostete 228.000 Menschen in 14 Ländern das Leben. Auslöser war ein Erdbeben in der Nähe von Sumatra (Indonesien).

KRAKATAU

Das lauteste Geräusch seit Beginn der Aufzeichnungen war 1883 der Ausbruch des Vulkans Krakatau, westlich der indonesischen Insel Java. Der Knall war noch in Australien zu hören. Etwa 10 Kubikkilometer Fels stürzten ins Meer und verursachten einen 45 m hohen Megatsunami. Sogar die Wasserstände im Ärmelkanal wurden von der Welle beeinflusst.

Ein Seebeben verursacht Hebungen (oder Senkungen) des Ozeanbodens. Die resultierende Druckwelle breitet sich in alle Richtungen im Wasser aus. Der Tsunami im Indischen Ozean 2004 ging von einer 1.600 km langen Bruchzone aus. Innerhalb von Sekunden wurden gigantische Wassermengen bewegt.

Highspeed-Welle

Die Welle bewegt sich mit 800 km/h, doch ein vorbeifahrendes Schiff würde sie kaum bemerken. Sie ist nur etwa 1m hoch, hat aber eine Wellenlänge von 200 km (bei normalen Wellen sind es 100 m). Eine so lange Welle enthält eine riesige Wassermenge. An der Küste fällt der Pegelstand, weil das Wasser hinaus aufs Meer gezogen wird, um die Welle zu füllen.

Auftreffen auf das Festland

Erreicht die Welle das Festland, türmt sie sich hoch auf und dringt weit ins Landesinnere vor. In schmalen Flusstälern steigt das Wasser aufgrund der Trichterwirkung besonders hoch. Meist treffen zwei bis drei Wellen in 20 bis 30 Minuten Abstand auf die Küste, ein Wellenkamm nach dem anderen.

Bewegungs-
richtung des
Wassers

TSUNAMISICHERE HÄUSER

Jedes Jahr ereignen sich etwa zwei oder drei Tsunamis, allerdings sind sie in der Regel nicht groß und betreffen nur einen kleinen Küstenabschnitt. Vor allem den Bewohnern von Meeresinseln können Tsunamis gefährlich werden. Um sich zu schützen, bauen sie ihre Häuser auf fest verankerten Pfählen, damit Hochwasser darunter durchfließen kann!

HURRIKANS

Tropische Wirbelstürme sind riesige Tiefdrucksysteme über warmen Teilen der Ozeane, die eine gewaltige, bis zu 2.000 km große Wolke mit großflächigen Luftwirbeln bilden. Trifft ein solcher Sturm auf Amerika, heißt er Hurrikan, in Ostasien nennt man ihn Taifun, und wenn das Entstehungsgebiet im Indischen Ozean und rund um Australien liegt, handelt es sich um einen Zyklon. Um als Hurrikan eingeordnet zu werden, müssen Windgeschwindigkeiten in Orkanstärke herrschen, d.h. mindestens 120 km/h; alles darunter ist lediglich ein tropischer Sturm. Hurrikans der höchsten Kategorie, also der Stufe 5, haben Windgeschwindigkeiten von über 250 km/h und richten extreme Zerstörung an, wenn sie auf die Küste treffen. Der Wind und der starke Regen verursachen enorme Schäden, aber die größte Gefahr geht von der tsunamiähnlichen Sturmflut aus, die landeinwärts drängt.

Meteorologen halten nach tropischen Stürmen über dem Ozean Ausschau und beobachten, ob sie sich zu einem Hurrikan entwickeln. Die meisten Hurrikans treten bei gewittrigem Sommerwetter auf, wenn das Meer so warm ist, dass sich das fatale Wettersystem aufbaut. Zu Beginn der Hurrikansaison bekommt der erste Sturm einen Namen, der mit A anfängt, der nächste einen mit B usw. Bis Z kommt man aber in der Regel nicht.

Zwar ist es im Auge des Sturms ruhig und trocken, aber in den Wolkenringen rundum toben heftige Winde. Kalte, trockene Luft aus den oberen Schichten sinkt Richtung Meer und die aufsteigende warme, feuchte Luft bildet schwere Regenwolken.

Starke Wind

Die stärksten Winde gibt es in der „Eyewall" genannten Wolkenbank, die das windstille Auge eines Wirbelsturms umschließt. Dort steigt die warme Luft von der Wasseroberfläche spiralförmig nach oben. Dabei kühlt sie sich ab und gibt ihre Energie an den Sturm ab. Die kalte Luft sorgt für starke Winde auf der Oberseite des Sturms. Diese bewegen sich durch das Auge nach unten, wodurch weitere warme Luft aufsteigt.

DER ERSTE HURRIKAN

Ein Jahr nachdem er 1492 Amerika entdeckt hatte, segelte Christoph Kolumbus in die Karibik zurück. Im Karibischen Meer gibt es die meisten Hurrikans weltweit und Kolumbus war der erste Europäer, der einen erlebte. Er war gezwungen, den Sturm auf der nächstgelegenen Insel auszusitzen. Das Wort „Hurrikan" entstammt der Sprache der Taíno, einem Volk, das schon lange vor den spanischen Eroberern in der Karibik zu Hause war.

Das Auge

Den Mittelpunkt eines Hurrikans bezeichnet man als Auge des Sturms. Damit ein Hurrikan entsteht, muss das Meerwasser bis in 50 m Tiefe mindestens 26 °C warm sein. Der Luftdruck über dem warmen Wasser ist so niedrig, dass das Meerwasser sich nach oben wölbt, in das Auge hinein!

Regenbänder

MEERES-STRÖMUNGEN

Der Ozean steht niemals still. Sein Wasser wird von verschiedenen Meeresströmungen permanent bewegt und neu gemischt. Das zeigte sich anschaulich, als 1992 bei einem Sturm ein Frachtcontainer in den Nordpazifik stürzte und seine Ladung – 28.000 Gummienten und anderes Badewannenspielzeug – freigab. Im Laufe der folgenden 20 Jahre wurden die Spielsachen von den Strömungen über die ganze Welt verteilt. Die meisten wurden an die Küsten des Pazifiks gespült, von Alaska bis Australien und Chile. Manche landeten im Nordpolarmeer und dann im Atlantik, einige erreichten Irland, nach 15 Jahren auf See! Dieser Unfall half Ozeanografen zu verstehen, wie Strömungen funktionieren. Heute wissen wir, dass Strömungen Richtung Äquator kaltes Wasser transportieren und jene Richtung Nord- oder Südpol warmes Wasser. Neben Wind und Gezeiten zählt der Temperaturunterschied zu den Faktoren, die die Strömungen antreiben.

FLASCHENPOST

Meeresströmungen können Reisen auf See stark beschleunigen. In den 1850er Jahren begann die US-Marine, kostenlos Seekarten zu verteilen, sofern der Kapitän versprach, an der Erforschung der Meeresströmungen aktiv mitzuwirken. Die Mannschaften warfen unterwegs Flaschen ins Meer, wobei jede eine Notiz enthielt mit der Bitte, der Navy mitzuteilen, wo und wann sie gefunden wurde. Das verriet den Ozeanografen, wohin die Strömungen die Flaschen transportierten, und half bei der Erfassung aller Meeresströmungen.

Diese Strömung fließt vom Golf von Mexiko aus in den Nordatlantik und erwärmt das Wasser vor der Küste Europas. Dank dieses Wärmetransfers sind die nordeuropäischen Winter relativ mild. Auf der anderen Seite des Atlantiks, wo kaltes Wasser aus der Arktis nach Süden strömt, sind die Winter viel kälter.

Atlantik

Golfstrom

Diese kalte Strömung entlang der Küste Südamerikas bringt planktonreiches Wasser aus dem Südlichen Ozean, das große Fischschwärme anlockt. Alle paar Jahre ändern die Strömungen im äquatorialen Pazifik, darunter der Humboldtstrom, die Richtung. Dieses „El Niño" genannte Wetterphänomen verursacht heftige Regenstürme in Amerika und Trockenheit in Asien und Australien.

Atacama-Wüste

Humboldt-strom

DAS „GLOBALE FÖRDERBAND"

Ein weltumspannender Kreislauf treibt die Meeresströmungen
an: das sogenannte „globale Förderband". Anders als bei normalen Strömungen, die etwa Schrittgeschwindigkeit haben,
bewegt sich hier das Wasser so langsam, dass eine Umrun-
dung 10.000 Jahre dauern würde!

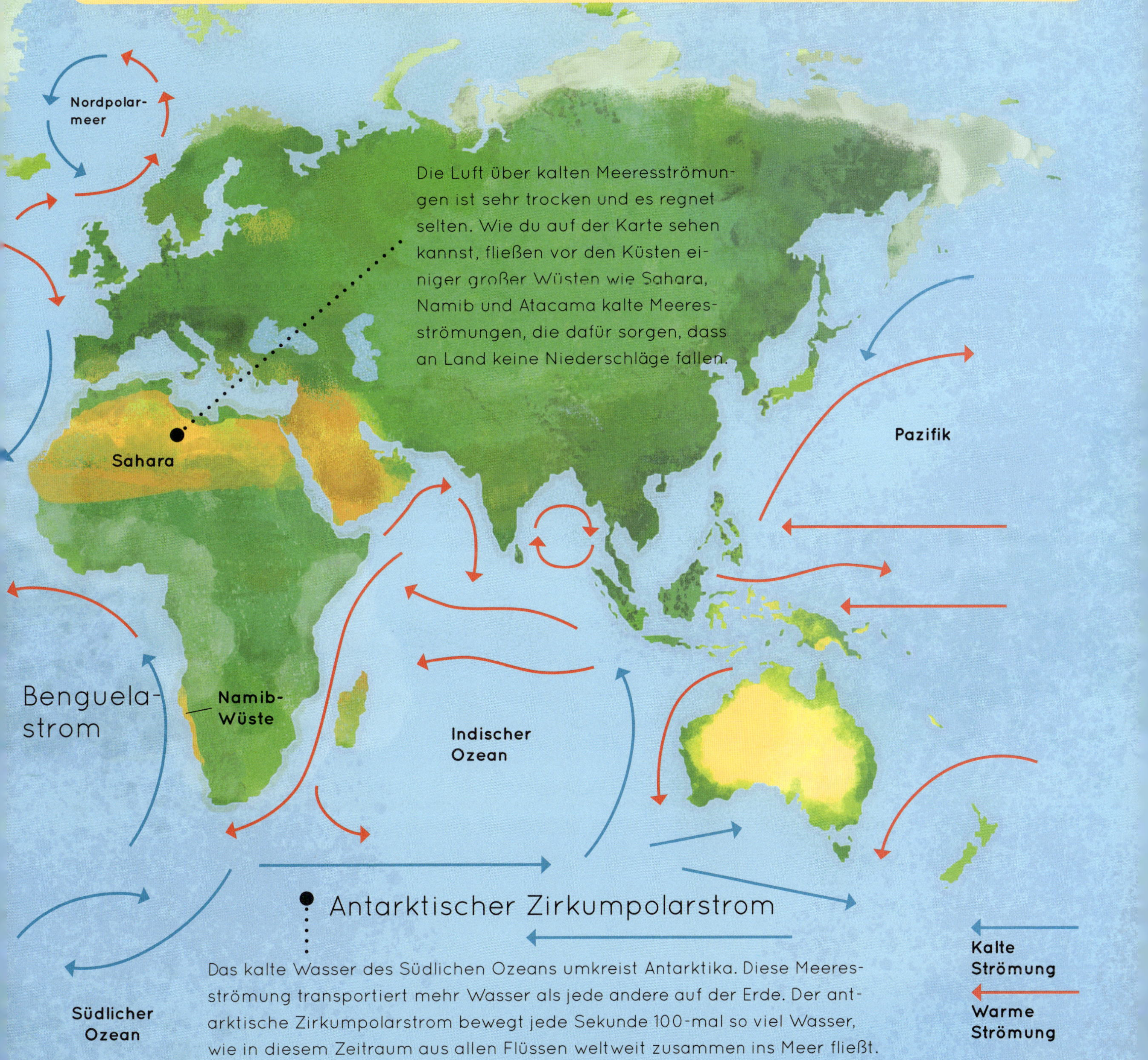

**Nordpolar-
meer**

Die Luft über kalten Meeresströmungen ist sehr trocken und es regnet
selten. Wie du auf der Karte sehen
kannst, fließen vor den Küsten ei-
niger großer Wüsten wie Sahara,
Namib und Atacama kalte Meeresströmungen, die dafür sorgen, dass
an Land keine Niederschläge fallen.

Sahara

Pazifik

**Benguela-
strom**

**Namib-
Wüste**

**Indischer
Ozean**

● Antarktischer Zirkumpolarstrom

Das kalte Wasser des Südlichen Ozeans umkreist Antarktika. Diese Meeresströmung transportiert mehr Wasser als jede andere auf der Erde. Der antarktische Zirkumpolarstrom bewegt jede Sekunde 100-mal so viel Wasser,
wie in diesem Zeitraum aus allen Flüssen weltweit zusammen ins Meer fließt.

**Südlicher
Ozean**

**Kalte
Strömung**

**Warme
Strömung**

MARINE NAHRUNGSKETTEN

Der Ozean wirkt leer, aber irgendwo dort unten ist Leben. Jeder Organismus benötigt Nährstoffe. Wie schaffen es die Meeresbewohner, ca. 300.000 Arten, in etwas zu überleben, das nur aus Wasser zu bestehen scheint? Um diese Frage zu beantworten, müssen wir uns die Nahrungsketten im Ozean anschauen: Wer frisst was oder wen? An Land sind diese Verbindungen leichter zu verfolgen: Pflanzen nutzen Sonnenenergie, Pflanzenfresser wie Rehe oder Hasen fressen Pflanzen, Raubtiere wie Tiger ernähren sich von anderen Tieren. Im Ozean funktioniert es ähnlich.

Das Gewicht (bzw. die Masse) aller Lebewesen an einem Ort bezeichnet man als Biomasse. An Land, insbesondere in einem Wald oder Regenwald, ist die Biomasse der Pflanzen meist etwa 10-mal so groß wie die Biomasse aller Tiere. Entsprechend stellen die Tiere am Ende einer Nahrungskette viel mehr Biomasse als die Tiere weiter am Anfang der Kette. Wir können diesen Zusammenhang als eine Pyramide darstellen, in der Löwen die Spitze besetzen, während das Gras und die Bäume die breite Basis bilden. Im Meer steht die Biomasse-Pyramide auf dem Kopf: Die Tiere am Ende der Nahrungskette, wie Wale und Haie, haben mehr Biomasse als die Fische, die sie fressen, und das Plankton füllt lediglich die Spitze aus.

Aufrechte Biomasse-Pyramide im terrestrischen Ökosystem

Umgekehrte Biomasse-Pyramide im aquatischen Ökosystem

OZEAN-VIREN

Im Meer gibt es überraschend viele Viren. Sie sind weniger als einen Millionstel Meter lang und in einem Liter Meerwasser können sich etwa 100 Milliarden Viren befinden! Das ist ungefähr das 15-Fache der Erdbevölkerung! Marine Viren ähneln zwar denen, die beim Menschen Krankheiten wie Grippe auslösen können, sind für uns aber völlig harmlos. Sie haben es stattdessen auf Bakterien und andere Mikroorganismen im Wasser abgesehen, besonders auf Phytoplankton. Man schätzt, dass jeden Tag mindestens ein Drittel der Planktonmasse weltweit an einem Virusinfekt zugrunde geht.

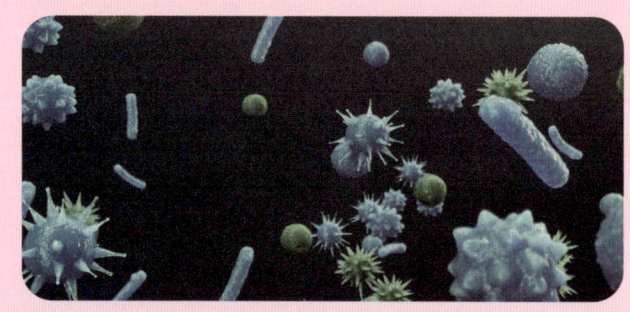

Produzenten

**Primär-
konsumenten**

Filtrierer

Räuber

**Spitzen-
prädatoren**

Produzenten
Ganz am Anfang der marinen Nahrungskette steht das Phytoplankton. Diese winzigen, pflanzenähnlichen Organismen sind nur unter dem Mikroskop zu erkennen. Die Energie, die sie zum Leben brauchen, bekommen sie vom Sonnenlicht – wie ein Baum oder eine Blume an Land. Dadurch zählt Phytoplankton zu den Produzenten, d. h. es bildet die Nahrungsgrundlage, von der alle anderen Tiere im Ozean abhängen.

Primärkonsumenten
Das nächste Glied in der Kette ist das Zooplankton, das sich von Phytoplankton ernährt. Diese Pflanzenfresser sind „Konsumenten erster Ordnung". Alle weiteren Mitglieder der Nahrungskette sind ebenfalls Konsumenten, d. h. sie fressen andere Lebewesen.

Filtrierer
Die Sekundärkonsumenten sind oft Tiere, die Plankton aus dem Wasser herausfiltern. Dazu zählen z. B. Muscheln, Riesenhaie und Mondfische. (Letztere sind die größten Knochenfische; Haie sind größer, aber ihr Skelett besteht aus biegsamem Knorpelgewebe.)

Räuber
Die dritte Konsumentenklasse sind die Räuber oder Prädatoren. Diese Tiere sind aktive Jäger, die andere Tiere erbeuten und töten, um sie zu fressen.

Spitzenprädatoren
Das sind jene Räuber, die selbst keine Fressfeinde mehr haben, also am Ende der Nahrungskette stehen und von keinem anderen Tier erbeutet werden. Dazu zählen z. B. der Weiße Hai, Eisbären und Orcas. (In einem Kampf geht man im Allgemeinen davon aus, dass der „Killerwal" gewinnt!)

KORALLEN-RIFFE

Ein Korallenriff ist wie ein Unterwasser-Regenwald, nur bunter! Solche Riffe bedecken zwar nur 0,1 % des Meeresbodens, beherbergen aber ein Viertel aller marinen Lebewesen. Die meisten Korallenriffe sind weniger als 10.000 Jahre alt, was in der Natur recht jung ist. Sie wachsen in 23 bis 29 °C warmem Wasser bis zu einer Tiefe von 150 m; weiter unten wird es ihnen zu dunkel. Zwar könnte man sie für Unterwasserpflanzen halten, aber in Wirklichkeit sind Korallen mit den Quallen verwandt. Jede Koralle ist eine Kolonie aus Tausenden von Einzelpolypen, die zusammengewachsen sind. Die Polypen bilden ein verästeltes Kalkskelett, und wenn sie sterben, wachsen auf ihnen neue. So entstehen felsenähnliche Erhebungen am Meeresboden, die einer artenreichen Tiergesellschaft ein Zuhause bieten – willkommen im Korallenriff!

GREAT BARRIER REEF

Vor der Ostküste Australiens liegt das größte Korallenriff der Welt. Das Great Barrier Reef besteht aus etwa 2.900 einzelnen Korallenriffen und 900 Koralleninseln und ist über 2.300 km lang. Insgesamt bedeckt es eine Fläche von ungefähr 344 bis 400 Quadratkilometern.

Riffkorallen sind zwar Tiere, können aber in tiefem, dunklem Wasser nicht überleben. Sie brauchen das Sonnenlicht, weil in ihnen winzige pflanzenähnliche Helfer leben. Diese sogenannten Zooxanthellen (eine Algenart) wandeln Sonnenlicht in Zucker um, den sie mit ihren Wirten, den Korallen, teilen. Im Gegenzug versorgen die Korallen sie mit anderen Nährstoffen und bieten ihnen ein Zuhause.

KORALLENPOLYP

Ein Polyp ist nur einige Millimeter groß und sieht ein wenig wie eine auf dem Kopf stehende Qualle aus. Im Jugendstadium schwimmt er auch tatsächlich noch mit nach unten hängenden Tentakeln durchs Wasser, aber wenn er sesshaft wird und am Untergrund festwächst, dreht er sich um, sodass er mit seinen Tentakeln Plankton aus dem Wasser filtern und zum Mund (der bei Korallen auch als Anus fungiert) transportieren kann.

Geweihkoralle
Diese Korallen sind stark verzweigt und bilden eine steinartige Struktur, die an ein Hirschgeweih oder einen kahlen Baum erinnert.

KORALLENBLEICHE

Auf der ganzen Welt bleichen Korallen aus – sie werden weiß. Die Gründe hierfür sind kompliziert, aber wahrscheinlich hat es mit dem Klimawandel zu tun. Indem das Wasser immer wärmer wird, wird es auch saurer, und diese Übersäuerung vertragen die Korallen nicht. Sie stoßen die Zooxanthellen ab und verlieren dadurch nicht nur ihre wundervollen Farben, sondern auch eine wichtige Nährstoffquelle – das Riff beginnt zu sterben.

PLATTSCHWÄNZE

Wenn du ein Tier siehst, das wie ein schwarz-gelb gestreifter Aal aussieht und im Indischen oder Pazifischen Ozean um ein Korallenriff herumschwimmt, handelt es sich um eine giftige Schlangenart. Plattschwänze oder Seekraits ernähren sich von Fischen, die sie mit ihrem tödlichen Gift betäuben. Zum Atmen schwimmen sie an die Oberfläche, zur Eiablage kommen sie an Land.

GROSSE RIESENMUSCHEL

Diese Korallenriffbewohnerin ist die größte Muschel der Welt. Ihre über 1 m breite Schale kann mehr als 200 kg wiegen. Wenn sie ihre Schale öffnet, saugt sie Meerwasser ein und filtert Nährstoffe heraus. Unterstützt wird sie von Zooxanthellen, die in ihr leben.

Tischkoralle
Diese Koralle wächst nicht nach oben, sondern in die Breite und bildet eine relativ ebene, runde Fläche.

Hirnkoralle
Sie zählt zu den größten Korallenarten. Ihre kompakte, von Furchen durchzogene Kugelform erinnert an ein Gehirn.

Säulenkoralle
Sie kann 2,5 m hoch werden. Manchmal sind ihre „Äste" verzweigt, sodass sie wie ein unterseeischer Säulenkaktus aussieht.

SCHÜTZT UNSERE MEERE!

Die Ozeane werden bedroht – von uns! Seit Jahrhunderten werfen die Menschen ihre Abfälle ins Meer und wir sind immer davon ausgegangen, dass das Meer groß genug sei, um das verkraften zu können. Doch in den letzten 50 Jahren haben wir immer mehr Plastik verwendet, und das ist ein Problem. Jeden Tag kommen weltweit 8 Millionen Plastikteile hinzu, und schon jetzt treiben etwa 5 Billionen davon auf dem Meer. Sie zerfallen langsam in kleinere Teile und sinken auf den Grund. Da Meeresbewohner nicht zwischen Plankton und Plastik unterscheiden können, verschlucken sie es, und so gelangt Plastik in die Nahrungskette. Um dieses Problem zu lösen, müssen wir den Plastikverbrauch drastisch reduzieren und verhindern, dass es im Meer landet. Doch die Verschmutzung durch Plastik ist nur eine von vielen Bedrohungen.

OZEANE IN GEFAHR!

 **88 %** der Korallenriffe sind durch Umweltverschmutzung bedroht.

 Die Anzahl der Fische im Meer beträgt im Vergleich zu 1970 nur noch **DIE HÄLFTE**.

 **100.000** Meeressäuger wie beispielsweise Seehunde sterben jedes Jahr infolge der Verschmutzung der Meere durch Plastik.

 Es gibt **500** „Tote Zonen", in denen kein Meeresleben mehr möglich ist. Ursachen sind Chemikalien (z. B. Düngemittel, Pestizide), die ins Meer geleitet werden. Die Ostsee ist besonders betroffen.

ÖLPEST

Während du das liest, sind mehr als 4.000 Öltanker auf unseren Weltmeeren unterwegs, von denen jeder genug Rohöl geladen hat, um mindestens 100 olympische Schwimmbecken zu füllen. Aus Rohöl werden Kraftstoffe und andere chemische Produkte hergestellt. Wenn bei einem Unfall Öl ins Meer fließt, treibt es als giftiger Ölteppich auf dem Wasser. Es dauert Monate, bis das Öl sich so weit verteilt hat, dass es keinen Schaden mehr anrichtet, noch länger, wenn es an die Küste gelangt.

ÜBERFISCHUNG
··················

Fisch ist für viele Menschen eine wichtige Nahrungsquelle. Jeden Tag stechen mehr als 4 Millionen Fisch-
kutter in See, um Fisch für uns zu fangen. Allerdings
sind die Fangmethoden mittlerweile so ausgefeilt –
Fische werden per Echolot geortet – und die Netze so
groß, dass wir mehr Fische aus dem Meer entnehmen,
als nachwachsen können. Um dieses Problem zu
lösen, darf jedes Boot nur eine begrenzte Menge
Fisch am Tag fangen. Da in den langen Netzen
(die außerdem den Meeresboden beschädigen)
oft die falschen Tiere landen, darunter
Schildkröten und Seehunde, geht man
dazu über, Langleinen mit Köderhaken
anstatt der Netze einzusetzen.

GLOSSAR

Algen
einzellige Verwandte der
Landpflanzen, die im Wasser
oder an feuchten Orten leben

Antarktika
der fast vollständig eisbedeckte
Kontinent am Südpol

Äquator
eine imaginäre Linie, die – von
Nord- und Südpol gleichweit
entfernt – rund um die Mitte
eines Planeten, Sternes oder
Mondes verläuft und ihn in
eine Nord- und eine Südhälfte
(Hemisphäre) teilt

Atmosphäre
gasförmige Hülle um einen
Planeten oder Mond

Bakterium
winzige Lebensform, deren
Körper nur aus einer einzigen
Zelle besteht

Billion
eintausend Milliarden oder eine
Million Millionen

Biolumineszenz
Fähigkeit eines Lebewesens,
Licht zu erzeugen

Biomasse
das Gewicht (eigentlich die
Masse) aller Lebewesen

Bleichen
Vorgang, bei dem Färbungen
entfernt werden; der gebleichte
Stoff wird weiß

Druck
ein Maß für die Kraft, die
senkrecht auf eine Fläche
einwirkt

Dünger
Stoffgemisch, mit dessen Hilfe
das Wachstum von Pflanzen
positiv beeinflusst werden kann

Gravitation
die Kraft, die auf der Erde dafür
sorgt, dass Gegenstände zu
Boden fallen

Hemisphäre
die eine Hälfte eines
Himmelskörpers; Planeten
können in eine nördliche und
südliche oder eine westliche
und östliche Hemisphäre geteilt
sein

HMS
Abkürzung für „His" bzw.
„Her Majesty's Ship";
Namensbestandteil britischer
Marineschiffe

hydrothermal
hat damit zu tun, dass heißes,
mineralisches Wasser aus dem
(Meeres-)Boden austritt

Kap
eine ins Meer hineinragende,
auffällige Landspitze

Kernreaktor
Atomreaktor; eine Anlage
innerhalb eines Kraftwerks, in
der mithilfe von radioaktiven
Stoffen Energie erzeugt wird

komprimiert
zusammengepresst

Mikroben
Mikroorganismen; Lebewesen,
die so klein sind, dass sie
nur unter dem Mikroskop zu
erkennen sind, z. B. Bakterien

Milliarde
eintausend Millionen

Minerale
natürliche chemische Verbindungen oder Elemente in Gestein und Wasser

Monsun
Windsystem, das im Lauf eines Jahres zweimal seine Richtung umkehrt, was zur Entstehung von Trocken- und Regenzeiten führt

Organismus
anderes Wort für Lebewesen

Ozeanografen
Wissenschaftler, die die Meere erforschen

Photophore
spezielle Organe eines Tieres, die Licht erzeugen können

Plankton
mikroskopisch kleine tierische (Zooplankton) und pflanzliche (Phytoplankton) Organismen, die in den Weltmeeren leben und sich von den Strömungen tragen lassen

Pol
der nördliche und der südliche Drehpunkt der Achse eines Planeten, Sternes oder Mondes

Polyp
ein zu den Nesseltieren zählendes Tier, dessen Basis fest an den Meeresboden angeheftet ist, während die Tentakel nach oben zeigen; Korallen und Seeanemonen kommen ausschließlich in der Polypform vor

Prädator
siehe **Raubtier**

Raubtier
ein Tier, das andere Tiere jagt, um sie zu fressen

Säure
meist flüssige Chemikalie, die andere Stoffe angreift

Temperatur
ein Maß dafür, wie viel Wärme in einer Substanz enthalten ist

transparent
anderes Wort für durchsichtig

Vulkan
ein Loch in der Erdkruste, durch das heißes, flüssiges Gestein (Magma) an die Oberfläche gelangen kann; durch vulkanische Aktivität können hohe Berge entstehen

REGISTER